경영기획 조직
실무능력개발 매뉴얼

효산경영연구소
지식 · 인력개발교육원

편창규 · 편제호

신간 실무능력개발 매뉴얼

* 경영기획 조직   * 경영관리 조직   * 인사관리 조직   * 영업관리 조직
* 마케팅전략 조직   * 회계관리 조직   * 재무관리 조직   * 총무관리 조직
* 고객관리 조직   * 구매관리 조직   * 생산관리 조직   * 품질관리 조직
* 기술개발 조직

머리말

저자가 직무분석 연구를 시작한 것은 산업교육 전문기관인 주)아시안컨설팅에 경영진단팀이 신설되고 이 팀의 책임자로 합류한 후 1991년 7월부터 92년 2월까지 7개월 동안 한국방송공사의 『KBS의 합리적 인원관리를 위한 직무분석』 연구를 시작하면서 부터이다.

이 후 1993년 1월 효산경영전략연구소(효산경영연구소 전신)를 설립한 후 쌍용자동차, DB손해보험(구 동부화재), KDB생명(구 금호생명), 효성생활산업(효성에 합병), 기아정기(현대모비스에 합병), 한국프랜지, 한국유리공업, 인천국제공항공사, 한국산업인력공단, 한국도로공사, 공무원연금공단, 국민연금공단, 한수자원연구원, 한국전력연구원, 일산병원, 한국가스안전공사 등에 대한 직무분석 연구를 수행하였으며, 최근에는 순천대학교 『에너지자동화사업단 전기전자공학부 교과과정 개선을 위한 직무분석 연구』를 수행하였다.

강산이 3번쯤 바뀌는 27년 동안 책임연구원으로 직무분석(조직설계, 정원산정, 인사제도 설계)연구와 경영진단, 경영평가 연구를 수행하여 왔으니 때로는 직무분석 전문가가 아니라 道人(도인)이 된 것 같은 착각과 환상에 젖는 경우도 있었던 것 같다.

오랜 기간 동안 직무분석 연구를 통해 용역수행 기업에는 기업성장과 인적자원관리 제도발전에 많은 도움을 주었다고 자부할 수 있으나 조직원에게는 어떤 도움과 영향을 주었을까?

머리말

 직무분석 연구결과 활용으로 설계된 신조직이 안정되고, 표준직무에 따라 적정정원이 성과지향적인 역할을 효율적으로 수행하여 기업이 성장·발전하게 되면 조직원들의 귀속성과 직무만족도가 향상되었을까?

 혹시 직무분석 연구결과로 산출되는 신조직구조, 신직무편재, 정원 재조정, 직무가치 중심의 성과관리로 인해 업무활동을 더 힘들게 하지는 않았을까?

 이러한 조바심이 들면서 그동안 연구한 직무분석 결과를 활용하여 조직원들에게 도움을 줄 수 있는 방법은 없을까를 고민하든 중, 조직원들의 직무능력개발과 실무적응력을 향상시킬 수 있는 교육프로그램을 설계한 후, 교육교안으로 본서를 저술하였다.

 실무능력개발을 지원하는 온라인교육과 실무방법을 첨삭지도 하는 오프라인 교육을 위해 1차로 3개 직종(관리, 영업, 생산), 13개 조직(경영기획, 경영관리, 인사관리, 총무관리, 영업관리, 마케팅전략, 고객관리, 재무관리, 회계관리, 구매관리, 생산기술, 품질관리, 생산관리)에 대한 교육프로그램을 운영하게 된다.

 본서는 기업조직에서 직무수행에 필요한 조직구조, 조직기능, 조직역할, 타 조직과의 업무협업, 표준직무, 직무목표에 대한 학습내용과 업무방법, 업무지식, 실무능력, 업무행동 개발방법이 구성되어 있다.

 이러한 관점으로 저술된 본서는 Ⅰ장에서 산업환경 변화와 기업인재상, Ⅱ장은 조직기능과 편재직무, Ⅲ장 직무수행능력 관리, Ⅳ장 핵심직무 실무능력개발, Ⅴ장 조직행동과 직무적성관리, Ⅵ장 학습내용 평가로 저술되어 있다.

 특히 Ⅳ장에는 조직별로 가장 핵심적이고 중요시 되는 실행업무

4~5개를 선정하여 "업무과제, 업무목표, 업무절차, 업무방법, 업무역할, 업무성과" 내용이 저술되어 있으므로 관련내용을 학습할 경우 실무능력이 우수한 인적자원으로 성장·발전할 수 있도록 하였다.

본서를 활용하여 온라인교육 과정에 참여할 경우에는 실무능력개발을 위한 사전 예비학습이 필요하다. 예비학습 방법으로는 본서의 Ⅱ장과 Ⅲ장에 구성되어 있는 조직기능과 편재직무, 직무수행능력 관리 내용을 1회이상 필독하여 표준직무, 업무프로세스 업무역할, 업무역량에 대한 기초 개념이 이해되도록 한다.

조직별 표준직무에 대한 기초개념이 정립되지 않은 상태에서 온라인교육을 이수할 경우 지식습득은 가능하나 체험·숙련·응용능력이 개발되지 않아 조직에 편재된 직무수행(방법, 역할, 능력, 성과)에 필요한 실무능력개발 학습이 어렵기 때문이다.

한편 본서를 활용하여 온라인교육에 참여하지 않고 자기 학습할 경우에는 예비학습 대신 학습단계를 1차 학습과 2차 학습단계로 구분하여 학습하는 것이 효과적이다.

1차 학습단계에는 본서에서 표현되는 용어들이 이해될 수 있도록 개념중심의 학습을 이행한 후, 2차 학습단계에서 조직별로 편재된 표준직무의 이해(목표, 성과)와 업무흐름, 업무역할, 업무방법을 학습하기를 권한다.

학습방법의 선택은 독자들의 몫일 수 있으나 본서가 지향하는 학습내용은 조직별로 업무역할에 대한 이해와 업무성과를 달성하는데 필요한 실무능력개발에 목표를 두고 있으므로 이러한 교육효과를 나타내는 학습방법의 선택이 중요하다.

머리말

그리고 본서를 활용하여 취업에 필요한 실무능력을 개발할 경우에는 본서의 자매 서적으로 취업희망 직업분야 선택에 도움을 주는 참조 도서인 "the Job 오케스트라"와 직종·직렬별 직무분야와 업무역할 안내 도서인 "취업 & 직무능력개발 어떻게 할 것인가?"를 활용하여 취업방향 탐색 즉, 취업희망(성장 잠재력)분야 선정과 직무분야를 선택한 후, 취업에 필요한 실무능력을 개발하여야 한다.

만일 취업희망 분야와 실무능력개발 분야가 다를 경우 특정분야의 실무능력을 갖추고서도 타 분야에 취업을 희망한다면 실무면접에서 좋은 평가를 받을 수 없기 때문이다.

따라서 취업에 성공하기 위해서는

1단계로 미래성장 산업분야를 탐색하여 선택한 후,

2단계에서 적성과 인성에 적합한 취업희망 직무분야를 선정하고

3단계에서 취업희망 직무(조직)분야의 실무능력을 개발하여 취업 경쟁력을 향상 시켜야 한다.

끝으로 본서의 저술목적에 부합되는 학습방법 선택으로 독자들의 학습목적이 성취되기를 기원한다.

감사합니다.

2018. 6. 28

대표저자 편 창 규

- 목 차 -

Ⅰ. 산업환경 변화와 기업인재상

1. 산업환경 ··· 11
   1.1 산업환경 변화 ··· 11
      가. 연대별 국내 산업성장 동향 ··· 11
      나. 산업성장 패러다임 변화 ··· 12
   1.2 인적자원변화 ··· 14
      가. 인적자원관리 ··· 14
      나. 인적자원모집 ··· 14
      다. 인적자원관리 환경 ··· 14
   1.3 인력관리 패러다임 변화 ··· 15
      가. 글로벌 인재육성 ··· 15
      나. 직무역량 전문화 관리 ··· 16
2. 기업인재상 ··· 16
   2.1 대기업 인재상 ··· 17
   2.2 중소기업 인재상 ··· 17
   2.3 기업인재상 관리모델 ··· 17
3. 직무역량관리 ··· 18
   3.1 기업정보관리 ··· 19
      가. 기초정보 ··· 19
      나. 경영정보 ··· 19

목 차

  다. 직무정보 ·· 19

 3.2 자기점검관리 ·· 19

  가. 직무선호도 ·· 19

  나. 직무역량 ·· 20

  다. 기업적합도 ·· 20

 3.3 직무역량관리 ·· 20

  가. 목표직무 요건 준비 ·· 20

  나. 직무기초능력 학습 ·· 20

 3.4 자기 이미지 관리 ·· 21

4. 학습내용 평가 ·· 22

Ⅱ. 조직기능과 편재직무

1. 조직기능과 구조 ·· 23

 1.1 조직기능 ·· 23

  가. 사업분야별 기획조직 기능 ·· 23

  나. 사업범위별 조직역할 ·· 24

  다. 사업기간별 조직역할 ·· 25

 1.2 조직구조 ·· 25

2. 조직 직무편재 ·· 28

 2.1 표준직무 편재 ·· 28

  가. 편재직무 특성과 역할 ·· 29

  나. 표준직무 편재내용 ·· 31

 2.2 편재직무 수행 ·· 32

목 차

　　　가. 표준직무 수행과제 ·· 32
　　　나. 표준직무 관리방법 ·· 33
　　2.3 업무프로세스와 시스템 ·· 34
3. 학습내용 평가 ··· 36

Ⅲ. 직무수행능력 관리

1. 직무수행요건 ··· 39
1.1 직무가치 ··· 39
　　1.2 직무지식과 실무능력 ·· 40
　　　가. 직무지식관리 ·· 40
　　　나. 실무능력관리 ·· 41
　　　다. 직무적성과 업무 행동관리 ·· 43
　　1.3 조직몰입도 관리 ·· 43
　　　가. 조직몰입도 관리항목 ·· 44
　　　나. 조직몰입도 영향요인 ·· 44
2. 직무능력 학습 ··· 47
3. 학습내용 평가 ··· 50

Ⅳ. 핵심직무 실무능력개발

1. 비전관리 직무 ··· 53
　　1.1 비전기능과 구성요소 ·· 53
　　　가. 비전구성 요소와 영향요인 ·· 53
　　　나. 비전지향 과제평가 ·· 54

- vii -

목 차

    1.2 비전운영관리 ··· 56
        가. 비전 운영체계 구축 ····································· 56
        나. 비전 공유와 확산 ······································· 57
    1.3 실무능력 점검과제 ·· 59
2. 경영전략 직무 ·· 60
    2.1 경영전략관리 ··· 60
        가. 경영전략 과제도출 ····································· 60
        나. 경영전략 구조설정 ····································· 61
    2.2 경영전략 수립 ··· 62
        가. 경영전략 체계 ··· 62
        나. 경영전략 목표설정 ····································· 63
    2.3 경영전략 실행 ··· 64
        가. 경영전략 추진 ··· 64
        나. 경영전략관리 ··· 65
    2.4 실무능력 점검과제 ·· 67
3. 경영계획 직무 ·· 67
    3.1 경영계획관리 ··· 67
        가. 경영계획 과제 ··· 67
        나. 경영계획 종류 ··· 70
    3.2 경영계획 수립 ··· 72
        가. 경영계획 수립 체계 ··································· 72
        나. 내·외부 환경분석 ······································· 73
        다. 계획목표관리 ··· 74

목 차

    3.3 계획실행 성과평가 ·· 75

    3.4 실무능력 점검과제 ·· 78

4. 사업개발 직무 ··· 79

    4.1 사업계획 수립 ··· 79

        가. 사업계획 방향 ·· 79

        나. 사업계획서 구성 ·· 79

    4.2 사업타당성 분석 ·· 83

        가. 사업성 분석 ·· 83

        나. 시장수요 예측 ·· 84

    4.3 생산능력 분석 ··· 85

        가. 생산기술 분석 ·· 85

        나. 생산능력 분석 ·· 85

        다. 생산입지 영향요인 분석 ····································· 86

    4.4 재무분석 ··· 86

        가. 손익계산서 작성 ·· 87

        나. 대차대조표 작성 ·· 87

5. 제도와 규정관리 직무 ·· 89

    5.1 규정관리 대상 ··· 89

    5.2 규정관리 절차 ··· 90

    5.3 사규규정 형식 ··· 91

    5.4 실무능력 점검관리 ·· 92

6. 학습내용 평가 ·· 93

목 차

Ⅴ. 조직행동과 직무적성관리

1. 조직행동관리 ·· 99
   1.1 직무적응력 관리 ·· 99
      가. 직무적응력 개발 ··· 99
      나. 직무적응력 향상과제 ·· 100
      다. 계층별 직무적응력 ·· 100
      라. 핵심직무 적응력 관리 ·· 101
   1.2 업무동기관리 ··· 102
2. 직무적성관리 ·· 105
3. 학습내용 평가 ·· 107

Ⅵ. 학습내용 평가

1. 학습내용 평가관리 ·· 109
2. 평가결과 활용 ·· 110
3. 학습내용 평가 정답 ·· 111

Ⅰ. 산업환경 변화와 기업인재상

1. 산업환경

1.1 산업환경 변화
□ 산업성장성과 라이프사이클 및 경영패러다임 변화에 따라 새로운 직업이 분화되면서 인력채용 분야 및 규모가 결정되어 왔음

가. 연대별 국내 산업성장 동향
□ 1980년대 기초소재산업 성장
- 경공업, 기계, 철강, 전기, 화학, 건축, 토목산업 발달

□ 1990년대 기술집약적산업 성장
- 중화학, 정밀기계, 석유화학, 금속가공, 조선, 전자, 전기, 가전, 건설플랜트, 자동차산업 발달

□ 2000년대 지식집약적산업 성장
- 서비스, 정보통신, 반도체, 사회·문화·예술, 금융·보험산업 발달

□ 2010년대 IT기반의 정보네트워크산업 성장
- 신소재, 게임 및 연예오락, 기술 융·복합, 생명공학, 항공, 에너지, 지식기반 서비스산업 발달

□ 2020년대 인공지능 테크놀로지산업 성장

I. 산업환경 변화와 기업인재상

- 생명공학, 로봇, 우주항공, 개인 서비스산업 성장 예측

나. 산업성장 패러다임 변화

□ 산업기술의 발전과 소비자 생활패턴의 다양화에 따라 사업관리 역할의 다원화가 추진되고 있음

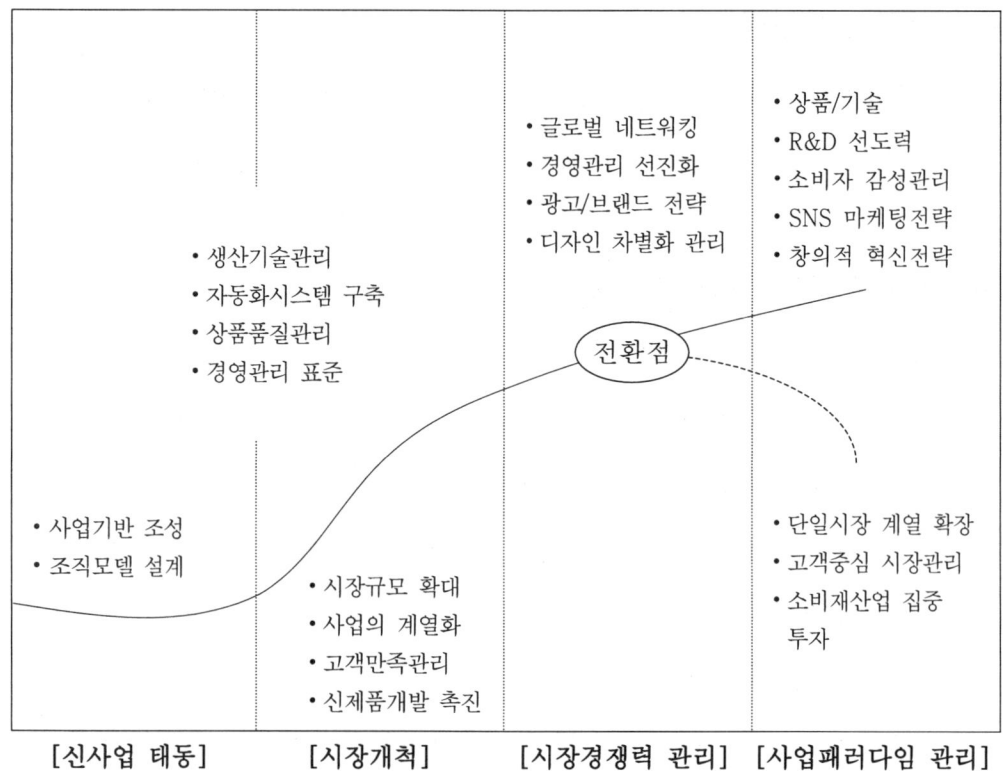

산업환경
• 글로벌 경제시스템의 지식기반사회 발달 • 신산업의 창조와 성장사업의 확장 • 새로운 사업모델과 경영자원의 다차원화 • 사업의 계열화와 전문화 촉진 • 산업성장 사이클 단축과 사회문화의 변화

I. 산업환경 변화와 기업인재상

□ 미래 성장산업 예측
  • 산업성장 패러다임에 따라 신산업이 태동하거나 새로운 산업으로 분화되어 인적자원시장이 확장·다양화 되고 있음

[미래 성장산업 분야]

구분	사업분야		
미래지식 서비스산업	지식정보 서비스산업	• 원격의료 서비스 • 질병정보 시스템 • 안전재난 방재산업	• 디지털 콘텐츠 • 전문직 서비스
	생산기반 서비스산업	• 연구 엔지니어링 • 광고 및 디자인 • 지능형 종합물류	• 나노정밀산업 • 신기능 복합소재 • 정밀화학 소재
성장 잠재력 서비스산업	문화관광 서비스산업	• 문화·관광 콘텐츠 • 오락·게임산업 • 섬유패션산업	• 항공레저산업 • 관광산업
	생명과학 서비스산업	• 신재생 에너지 • 친환경 기술산업 • 인공지능형 로봇	• 바이오 신약사업 • 인지 뇌과학 • 수자원산업
	미래성장 서비스산업	• 정보통신 기기 • 전자의료 기기 • 수소에너지 기술	• 항공우주산업 • 산업용로봇산업
미래유망 직업	25년 미래산업 (유엔미래보고서)	• 최고 경영관리자 • 브레인 퀀트 • 오피스프로듀서 • 디지털 고고학 • 기억수술 전문의 • 인공지능 서비스	• 임종설계사 • 유전자 상담사 • 거래 중개인 • 결혼·동거 상담 • 탄소배출권 • 수소연료 전지

Ⅰ. 산업환경 변화와 기업인재상

1.2 인적자원변화

가. 인적자원관리

□ 산업성장 패러다임의 변화와 지식기반 사회발달에 따라 인적자원의 역량 전문화를 추진함
- 핵심역량 직무중심 우수 인재상 정립과 육성
- 소수정예 글로벌 인재채용과 융·복합 인재 육성
- 성과중심 처우·보상과 인적자원관리
- 직무분야별 상시 경력직 채용과 직무능력 적합성 평가

나. 인적자원모집

□ 산업환경과 인적자원관리 방법에 따라 채용방법이 지속적으로 변화되어 왔음

[연대별 인력수급 방법]

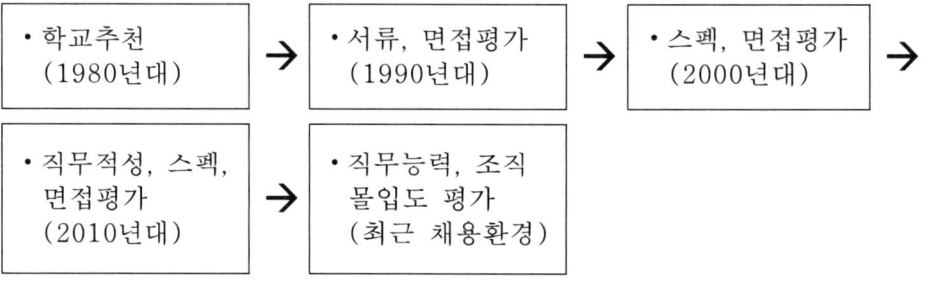

다. 인적자원관리 환경

□ 직무능력중심 자원관리
- 직무적응력을 중시하며 직무수행요건 적합성 평가

- 조직적응력을 중시하며 직무적성과 인성평가
□ 성과중심 인력관리
- 조직목표 실현 직무능력과 조직행동 및 업무성과 평가
- 직무가치 중심의 업무성과와 역할실행력 평가
□ 인적자원 육성관리
- 우수인재 설정 및 인적자원 경력관리
- 핵심직무 전문가 육성과 교육훈련관리

1.3 인력관리 패러다임 변화

가. 글로벌 인재육성

□ 직업의 가치관이 평생직장 개념에서 평생직업 개념으로 변화되면서 직업계열화와 직무능력 전문화가 추진되고 있음
- 개인중심 성향으로 인해 인적자원 활용에 중점을 주는 경향을 나타냄
- 장기비전과 성장전략에 부합하는 기업인재상 구축과 인적자원 육성방향 설정
- 글로벌 인재채용으로 직무역량의 다원화와 직무능력개발 선택과 집중화 관리
  - 전문지식과 숙련된 사업기획 및 전략 운영능력개발
  - 기초지식과 전문화된 업무성과 관리능력개발
  - 표준직무 이해와 업무시스템 운영능력개발
- 신입사원 직무 부적응과 조기 퇴직자 관리를 위한 기업인재상 적합도와 조직몰입도 수준 평가

나. 직무역량 전문화 관리

- □ 직무속성 학습
    - 직무종류, 직무가치, 직무목표와 성과, 직무수행방법 학습
- □ 직무능력개발
    - 전문지식, 기초지식, 실행방법 숙련, 업무몰입행동, 업무동기
- □ 업무프로세스 운영능력 개발
    - 업무시스템, 업무네트워크, 업무권한과 책임, 업무통제 및 조정 방법

2. 기업인재상

- □ 산업환경 변화에 따른 경쟁력 제고와 우수한 인적자원 육성방향을 설정하기 위해 인재상을 정립하고 채용, 직무순환, 교육 및 훈련, 경력개발 제도에 연계시켜 전문인력 육성 체계를 확립함
    - 경쟁 심화에 따른 비전과 미션, 전략추진 인재상 정립
    - 전사적 경영방침 공유를 통한 조직목표의식 고양과 조직몰입 동기부여
    - 사업부문별 적합한 인재상 제시 및 육성으로 사업전략 실행력과 업무목표 성과 향상
    - 미래 핵심 전문인력 육성 및 관리로 사업경쟁력 향상과 안정적인 성장기반을 조성하여 신사업 추진력 확충

- 인재상의 구체적 실현을 위한 조직가치, 변화과제, 개인역할의 수준과 관리방향을 설정

2.1 대기업 인재상

□ 기업성장을 위한 인적자원 역량 전문화에 목표를 둠
- 창조적 사고와 열린 사고력으로 시장중심의 도전적인 마인드 형성
- 글로벌 환경 적응력과 직무역량 전문화 인재
- 적극적이고 진취적이며 새로운 환경에 도전적인 전문인력 육성
- 다양한 업무에 충실하며 강한 승부근성으로 기업성장을 견인하는 리더십 관리

2.2 중소기업 인재상

□ 다양한 현장경험을 바탕으로 조직운영 및 사업성과 관리 전문화를 촉진함
- 핵심인력 리더십 배양과 현장중심 과제 수행능력 향상
- 다양한 현장실무의 전문화와 숙련업무 성과관리 능력개발
- 미래 경영환경 적응능력 개발과 인적자원관리
- 사업분야별 직무역량과 사업 수행요건 설정 및 핵심인력 육성방안 설정

2.3 기업인재상 관리모델

□ 사업부문별 핵심직무 가치수준과 업무성과 관리목표에 따라 인적

I. 산업환경 변화와 기업인재상

자원 육성관리

- 장기비전과 성장전략에 부합하는 인재상 표출
  - 전문성, 창조성, 탁월성, 도전성, 도덕성 관리
- 기업의 존립과 성장기반 및 인재상 구축
  - 경영전략과 목표달성, 지속성장성과 전문능력 관리
- 직무가치 생산과 사회적 책임감 고취
  - 기업가치, 고객가치, 사회가치, 조직가치, 개인가치의 실현
  - 변화와 혁신, 학습과 성장성 관리

┌─── 기업이 추구하는 인재상 ───┐
- 직무수행 전문능력을 갖추고 지속적으로 자기개발을 실행하며 글로벌 경영을 리드하면서 창의적인 방법으로 경영목표를 실현하는 사람

3. 직무역량관리

□ 역량은 삶의 패턴을 관리하는 역할로서 미래지향적이고 가치 중심적이며 업무성과와 연계되므로 선택이 중요함
- 내가 선호하고 자신의 삶을 보람되게 하는 직무분야
- 나를 인정하고 우수한 인재로 성장시켜줄 기업
- 시장경쟁력을 갖추고 지속적으로 성장·발전하는 기업
- 사업분야 다원화로 산업 라이프사이클 변화에 탄력성이 큰 기업

- 창의적이고 혁신적인 기업문화로 산업발전을 견인하는 기업

3.1 기업정보관리

가. 기초정보

□ 업종, 사업분야, 규모, 형태, 산업 및 시장환경, 경쟁력, 성장성, 수익성, 안정성 측면의 기업평가 정보

나. 경영정보

□ 기업비전과 사업전략, 경영목표, 경영성과, 기업문화, 조직모델과 구조, 채용분야, 기업인재상, 채용방법, 사회공헌 역할과 사회적 이미지

다. 직무정보

□ 표준직무, 직무수행요건, 직무가치, 핵심역량, 업무시스템과 프로세스, 업무역할, 업무행동, 적성과 인성, 업무동기, 조직몰입행동

3.2 자기점검관리

가. 직무선호도

□ 직무이해도, 전공분야 연관성, 직무능력 수용력, 적성과 인성의 일치성, 미래직업 안정성

나. 직무역량

□ 기초지식, 전문지식, 전문성, 실무능력, 실무경험, 교육이수

다. 기업적합도

□ 경영이념과 철학, 기업문화, 기업인재상, 인적자원관리 제도

3.3 직무역량관리

가. 목표직무요건 준비

□ 실무능력, 전문성, 성실성, 주인의식, 목표추진력, 창의성, 도전정신, 위기대처 능력

나. 직무기초능력 학습

□ 표준직무 이해를 통해 직무역량관리 로드맵 설정
- 역량개발 희망 직무분야 선택
- 직무수행능력 수준평가 및 역량개발과제 선정

□ 직무지식과 실행능력개발
- 직무지식, 직무경험, 직무가치, 업무프로세스와 시스템 운영방법, 업무방법, 업무역할, 업무성과, 업무생산성 향상방법 학습

□ 직무적응력과 직무적성개발
- 직업의식, 업무스킬, 직무적성, 성과추진력, 업무동기, 정보분석력, 리더십, 문제해결력, 조직적응력 개발

3.4 자기 이미지 관리

□ 직무능력 함양과 조직적응력 최적화 이미지 관리
- 선택된 직무분야와 직업적성에 연계되는 이력 내용
- 전문지식과 기초지식 및 경험능력 구성에 부합하는 사실적 내용 작성
- 작성내용의 일관성과 사실적인 연계성, 문장체계의 통일성과 표준화
    - 면접 시 복장과 자세 등 매너관리
    - 기업 경영이념과 철학, 사업분야, 시장환경, 기업문화, 실무지식과 가치관

I. 산업환경 변화와 기업인재상

4. 학습내용 평가

문1. 산업성장 패러다임에서 사업관리의 다원화가 추진되는 전환기는 어느 시기입니까?
　　① 신사업 태동기　　② 시장개척기　　③ 시장경쟁력 관리시기
　　④ 사업패러다임 관리 시기　　⑤ 사업철수 및 구조 조정기

문2. 사업관리의 다원화 및 전환기에서 추진되는 역할로 적정한 것은 무엇입니까?
　　① 사업관리 기반조성　　② 경영관리 표준화 추진
　　③ 글로벌 네트워킹 실행　　④ 창의적 혁신전략 수행
　　⑤ 고객만족도 관리

문3. 미래성장 잠재력이 큰 산업으로 분류되지 않는 산업분야는 무엇입니까?
　　① 문화관광 서비스 산업　　② 생명과학 서비스 산업
　　③ 지식정보 서비스 산업　　④ 기술집약적 중화학 산업
　　⑤ 인공지능 서비스 산업

문4. 미래성장 산업에서 추구하는 인적자원 관리 방향이 아닌 것은 무엇입니까?
　　① 우수 인재상 정립과 육성　　② 사업의 계열화와 전문화 추진
　　③ 글로벌 환경의 융·복합인재 육성　　④ 성과중심의 처우·보상제도 운영
　　⑤ 핵심분야 직무능력 적합성 관리

문5. 일반적인 관점에서 대기업의 목표 인재가 지향하는 과제가 아닌 것은 무엇입니까?
　　① 리더십과 실무무능력개발　　② 창조적 사고와 시장중심의 도전의식
　　③ 글로벌 환경 적응력과 직무역량 전문화　　④ 진취적이고 도전적인 전문역량개발
　　⑤ 직무 충실성과 기업성장 견인 리더십

문6. 일반적인 관점에서 중소기업에서 지향하는 인적자원 관리 방향은 무엇입니까?
　　① 핵심직무 가치중심의 성과관리　　② 장기비전과 전략실행 인력육성
　　③ 사회적 책임감과 고객가치 지향　　④ 실무능력 다원화와 성과중심 목표관리
　　⑤ 기업가치 변화와 혁신관리

문7. 기업의 우수인재로 성장하기 위한 직무역량 개발 및 전문화 방법이 아닌 내용은 무엇입니까?
　　① 표준직무 수행요건 학습　　② 팀 직무지식과 실행능력 개발
　　③ 업무적응력과 직무적성 개발　　④ 경력관리 및 자기학습프로그램 운영
　　⑤ 기업경영정보와 경영방침 이해

II. 조직기능과 편재직무

1. 조직기능과 구조

1.1 조직기능

□ 경영기획 직무분야는 기업에서 가장 핵심적인 역할을 수행하는 조직으로 기업비전과 경영방침관리, 중장기 경영전략과 경영목표관리, 신사업 발굴과 사업모델 개발, 기업성장성을 관리함

가. 사업분야별 기획조직 기능

□ 사업범위와 기업규모에 따라 역할을 통합하거나 전문화시켜 조직을 편제하는데 중견기업의 경우에는 핵심적인 역할을 통합하여 운영하고 대기업은 사업기획, 영업기획, 생산기획, 연구기획, 재무기획 등의 사업부문별로 역할을 세분화하여 전문화시킴

- 사업기획
  - 경영정책 개발, 투자전략 수립, 경영방침관리, 경영성과관리, 운영제도 개발 및 제·개정관리, 조직기구와 직제 편제, 대외정책 관리역할을 수행
- 영업기획
  - 영업정책개발, 시장동향 조사 및 성장성 분석, 상품 라이프사이클 분석, 상품개발 동향분석, 홍보 및 마케팅전략 수립 역

Ⅱ. 조직기능과 편재직무

할 수행
- 생산기획
  - 생산기술 동향조사, 제품개발 과제설정, 생산설비 투자계획, 생산기술 및 품질기준 제정, 생산원가 관리방안 설정, 생산기술의 정보관리 역할 수행
- 연구기획
  - 연구동향 분석, 중장기 연구계획 수립 및 운영, 연구명세서 관리, 신제품 개발 및 시험생산, 신기술 개발 및 특허관리, 기술도입 및 기술 제휴관리 역할 수행
- 재무기획
  - 경제동향 및 금융시장 환경 조사·분석, 투자위험도 분석 및 투자전략 수립, 자산운용계획 및 정책수립, 자금운용실적 및 효율성 분석, 자산투자 및 유가증권 운영정책관리, 투자수입 분석 및 평가관리 역할을 수행

나. 사업범위별 조직역할

□ 사업실행계획과 목표는 전사적인 사업과제와 특정부문의 사업내용으로 편재되어 사업 중요도와 우선순위에 따라 수행

□ 전사적 사업관리
- 전사 사업단위의 생존과 성장에 필요한 사업과제
  - 경영전략계획, 사업구조계획, 제품개발계획, 시장관리계획, 자원관리계획 수립과 실행방법 설정

□ 부문별 사업관리

- 개별단위 사업의 운영과 성과관리에 필요한 사업과제
  - 실행가능 대책수립, 실행계획 스케줄, 의사결정 영향요인 설정과 분석, 문제원인 탐색, 실행성과를 측정하고 평가분석을 관리함

다. 사업기간별 조직역할

□ 단기계획
- 사업기간 2년 이내의 계획내용으로 구성
  - 주요 사업과제에 대한 실행목표와 운영방법, 성과과제가 구체적으로 명시됨

□ 중기계획
- 향후 3년에서 5년까지의 기간 동안 실행할 사업내용으로 구성
  - 장기계획의 실행방법, 경영목표 선정과 경영방침계획 경영자원 조달관리, 사업내용 변화와 혁신관리 역할수행 방향을 설정

□ 장기계획
- 5년 이상 지속적으로 수행되는 사업과제로서 사업분야 변화, 사업구조 변화, 사업규모의 변화관리 역할을 수행

1.2 조직구조

□ 기업의 조직은 경영목적을 수행하기 위해 업무분야별 업무처리 기구를 계통적으로 편성한 구성단위
- 조직구분은 사업범위에 따라 직종별로 분류되고 업무역할에 따라 직렬별로 구분하여 계열화 및 전문화시킴

II. 조직기능과 편재직무

□ 직종

- 최상의 조직구조에 위치하는 사업 분야의 분류단위로 관리, 영업, 생산직종으로 구성

□ 직렬

- 직종의 하위조직 분류 단위이며 사업역할별로 분류
    - 관리직종: 기획, 경영관리, 재무회계, 조달직렬
        · 경영기획은 기획직렬에 편제되는 업무실행 조직
    - 영업직종: 영업, 제품개발, 마케팅전략, 유통·서비스 직렬
    - 생산직종: 연구, 생산기술직, 생산관리, 품질관리 직렬

□ 팀

- 직렬의 하위조직 단위로서 업무방법에 따라 구분되며 조직성과 관리 및 채용관리 기준이 됨

[직렬분야별 팀조직]

직종	관리				영업	
직렬	기획	경영관리	재무회계	조달	영업	중략
조직 (팀)	· 사업기획 · 사업개발 · 사업관리	· 경영관리 · 인사관리 · 총무관리	· 투자관리 · 회계관리 · 재무관리 · 원가관리	· 구매관리 · 물류관리 · 자재관리	· 영업관리 · 시장관리 · 상품관리 · 고객관리	

Ⅱ. 조직기능과 편재직무

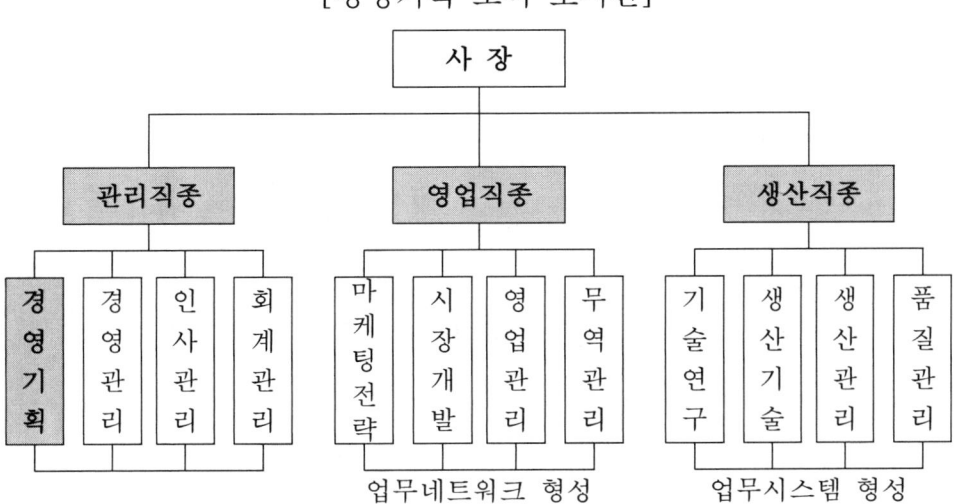

[경영기획 조직 포지션]

□ 업무시스템
- 단위업무별로 단일목표의 성과관리를 위해 연관된 공통적인 역할을 수행하여 목표를 실현하는 업무패턴

□ 업무네트워크
- 단일목표로 수행되는 업무패턴에 이해관계가 형성될 경우 영향력의 크기에 따라 정보공유와 협력체계가 이루어짐

제1단원 학습효과 점검

- 경영기획 조직기능과 역할의 이해
- 경영기획 조직 포지션과 다른 조직간 업무공유 관계

Ⅱ. 조직기능과 편재직무

2. 조직 직무편재

2.1 표준직무 편재

□ 조직별로 편재되는 표준직무는 경영목표 달성에 필요한 임무와 이를 실행하는 일로 구성됨. 즉, 기업의 경영목표 달성을 위해 조직별로 할당된 업무를 실행하는데 필요한 일·과제·역할을 업무방법별로 계열화시킨 내용이 표준직무임

□ 표준직무는 조직별로 구성된 "일"의 전체 내용으로 목표달성과 임무수행에 필요한 지식, 능력, 경험, 행동이 포함되며, 목표와 역할의 중요도에 따라 직무가치 수준이 설정되고 상대적인 수준차이에 따라 핵심·중점·일상 직무로 구분할 수 있음

[표준직무 편재 요건]

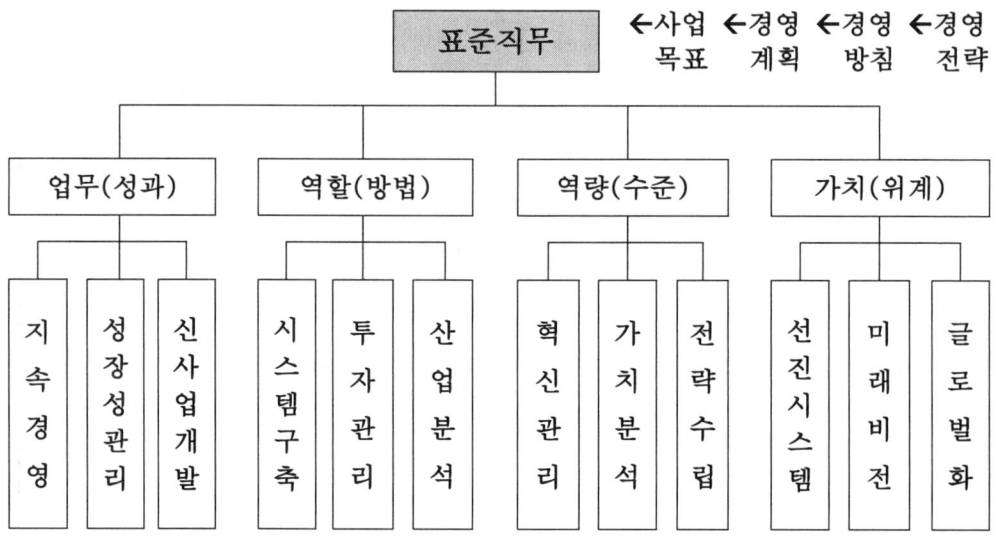

□ 경영기획 조직의 표준직무는 기업규모와 경영방침에 따라 편재되는 직무종류와 내용에 차이가 있으나 공통적으로 경영성과 관리, 신사업개발 업무, 조직 및 제·규정 관리, 예산편성 및 운영관리 직무가 편재되어 관리됨

가. 편재직무 특성과 역할

□ 직무특성
- 기업의 경영전략과 경영목표를 달성하기 위해 경영계획을 수립하고 사업부문별 목표관리 과제를 개발함
- 기업의 지속성장성 관리를 위해 경영성과 분석과 변화관리 및 혁신과제를 추진함
- 연간사업 예산편성 지침 개발과 예산집행 방향 설정, 사업분야별 경영목표 과제 개발 및 경영실적을 평가 분석함
- 경영전략회의 주관, 이사회 운영지원 및 기업의 사회적 책임 관리를 지원함

□ 핵심역할
- 기업의 경영전략과 경영목표를 달성하기 위해 경영계획 수립과 사업부문별 경영목표 과제를 개발함
- 경영방침관리와 경영성과 통제·조정
- 경영지표와 경영정보를 수집하고 분석하여 신사업 개발과 경영전략 다각화
- 사업수익성 분석, 표준원가와 목표이익률 관리로 경영성과를 측정하고 결산자료를 평가

II. 조직기능과 편재직무

- 경영정책 개발과 목표관리제도 운영, 예산편성과 예산집행 결과, 관계법령 검토와 정관 제·개정, 사내규정과 업무지침 및 업무매뉴얼 피드백 관리
- 기업문화를 개발하여 관리하고 경영혁신과 변화관리시스템 구축
- 경영성과 공시, 지속가능경영 모델을 개발하여 사회적 책임경영 역할 이행

□ 전략과제

```
                    경영기획 전략과제
          ┌──────────────┼──────────────┐
    사업성장성 관리    사업부문별        경영의 안전성 확보
                    경영성과의 균형관리
```

사업성장성 관리
- 산업 환경과 업계동향 조사
- 산업정보와 정책과제 분석
- 경영전략 개발과 방침관리
- 중장기 경영계획수립

사업부문별 경영성과의 균형관리
- 할당된 목표과제의 조정
- 성과수준 통제 및 경영실적분석·평가
- 사업예산편성 지침 관리

경영의 안전성 확보
- 신사업 및 기존사업의 우선순위 관리
- 투입예산과 산출되는 기대가치 분석
- 경영실적의 관리 및 평가업무
- 전사적 실행방침 설정
- 경영혁신 테마개발 및 관리
- 업무서비스 혁신관리

나. 표준직무 편재내용

[경영기획 조직 편재직무]

구분 직무	표준직무 세부직무	직무수행능력 실무능력	전문지식	업무행동
경영계획관리	•비전과 경영방침수립 및 관리 •중장기 경영계획 및 전략수립·조정 •연도 경영계획 진도관리 및 실적분석 •경영회의, 부서장 회의 운영관리 •사업계획 예산편성 및 통제관리	•각종 정보수집 및 분석 •경영계획 설계 능력 •정보 분류능력 •팀 핵심역량 및 특성 파악 •신규 사업개발 능력	•정부정책 분석력 •경영정책론 •조직설계 •직무분석 기법 •행정조직론	•정보수집 •섭외력 •기획력 •창의력 •조정력
경영혁신관리	•기업 서비스 헌장 제·개정 및 운영 •서비스 체제 구축 및 지도·교육 •제안제도 운영 •경영혁신 계획수립 및 시행·평가 •기업문화 활성화 계획 수립 및 시행 •윤리경영 추진계획수립 및 시행	•조직효율성 분석 •조직의 직능별 성향 분석 •제규정 이해 및 숙지 •의사록 작성요령 이해 •서비스매뉴얼 개발 및 지도 •서비스 평가지침 개발	•경영의사결정론 •조직관리론 •경영분석론 •직무평가이론 •경영혁신기법 •목표관리기준 설계	•통찰력 •개선력 •분석력 •관리력 •정확성
경영성과관리	•경영목표 수립 및 경영성과 평가 관리 •경영실적 심사분석 및 평가 •성과목표(KPI)수립 및 성과평가 관리	•경영정책, 내부방침 설계능력 •부서업무 이해	•직무분석이론 •전산, 정보처리 지식 •커뮤니케이션 지식	
경영정책개발	•국내외 관련 산업정보수집 및 분석 •경쟁 산업동향 및 환경조사 분석 •경쟁사 주요동향 조사·분석 •신규 사업 진출	•경영자 혁신의지 이해 •혁신테마 선정방법 •목표관리 성과분석 •경영성과 평가기준 숙지	•BSC, 변화관리 •문제점 해결 지식 •경영분석 지식 •경영정책 방향 설계능력	•판단력 •수리력 •업무 추진력 •사교성
업무규정관리	•본사, 지사, 업무분장 및 조정 •제도 및 규정 제·개정 •기구 및 직제의 신설, 개폐관리	•부서별 성과목표 이해 •제안관련 지식 •회사 전략목표 이해	•정보수집 및 분류능력 •합리적인 예산편성 기법 •재무분석	•정보수집 •섭외력 •기획력
예산지침관리	•예산안 편성지침수립 •예산안 집행계획수립 •예산집행 통제관리	•출자회사 업무파악 •계약 및 공시내용 숙지 •예산편성과정 이해 •예산집행과정 숙지 •예산성과 분석력 •계정과목 숙지	•성과분석 기법 •기업회계 •관리회계	•정보수집 •섭외력 •기획력 •창의력 •조정력

Ⅱ. 조직기능과 편재직무

2.2 편재직무 수행

가. 표준직무 수행과제

□ 경영전략과 방침에 입각하여 경영목표를 설정하며 경영자원을 효율적이고 체계적으로 관리하여 기업의 성장성을 도모하는 역할을 수행함

- 경영전략 업무는 기업의 발전방향과 성장모델을 설정하거나 관리하는 역할로서 전사적으로 경영목표와 경영계획 관리와 운영이 시스템적으로 실행되도록 관리함
- 경영방침관리는 경영전략 추진과제를 지원하거나 경영계획 실행의 효율화를 위해 사업관리 기반 조성, 사업운영 환경조성, 사업관리 모델을 설정하는 역할을 함
- 경영성과관리는 전사적 또는 사업분야별로 할당된 경영목표와 경영계획 내용의 적정성과 사업운영 방법의 체계화를 위해 사업부문별 사업과제와 방법을 통제·조정하여 사업성과 향상을 견인함
- 신사업 개발 업무는 산업 환경변화와 동종 및 이업종 경쟁기업의 경영전략과 사업성과를 수집·분석하여 사업 환경 패러다임 변화를 견인하는 사업전략 개발과 신사업 모델을 개발하여 지속가능경영 환경을 조성함
- 조직 및 직제 규정관리 업무는 사업모델과 사업규모, 경영전략과 경영목표 관리에 적합한 조직규모와 조직모델 설계, 조직운영과 인적자원관리에 필요한 회사규정과 제도의 제·개정관리 역할을 함

- 예산편성 및 운영방침관리 업무는 중장기 경영전략 추진과 신사업 개발에 소요되는 예산편성 및 조달방법 탐색, 예산 진행 방향을 설정함

나. 표준직무 관리방법

□ 조직에 편재되는 표준직무는 조직 포지션과 직무종류에 따라 직무목표와 수행방법 및 수행역할에 차이를 나타냄

[표준직무 관리방법]

편재직무	업무목표	관리방법
경영전략 관리	• 기업발전 모델개발 • 성장모델 개발 • 경영목표와 계획방향 설정	• 전사 네트워크 구축 • 사업분야 목표관리 • 사업별 성과관리 • 상향식 의사결정 • 상향식 성과관리
경영계획 관리	• 사업효율성 향상 • 업무생산성 관리 • 사업관리 시스템화 • 핵심역량 균형관리	• 사업추진 우선순위 • 핵심사업 성과관리 • 사업영향 요인관리 • 상향식 의사결정
경영목표 관리	• 목표관리 과제선정 • 목표관리 방법설정 • 사업관리 기반조성	• 사업모델 개발 • 사업환경 조성 • 목표계획 수립 • 수평적 역할분담
신사업개발 업무	• 사업다각화 탐색 • 사업 성장기반 조성 • 사업분야 변화관리	• 소비자 시장 개발 • 사업 아이템 관리 • 사업투자 모델 개발
직제 및 규정관리	• 업무표준화 관리 • 업무시스템화 • 업무권한과 책임규정	• 관리규정 명문화 • 형식 및 절차 간소화 • 서식 및 규정 체계화 • 업무방법 통일성

2.3 업무프로세스와 시스템

□ 조직에 편재된 표준직무는 목표관리를 위한 업무사이클과 성과관리를 위한 업무방법에 따라 업무권한과 책임이 분화되며 업무프로세스와 시스템에 따라 역할이 수행됨

[사업계획 및 예산편성 업무시스템]

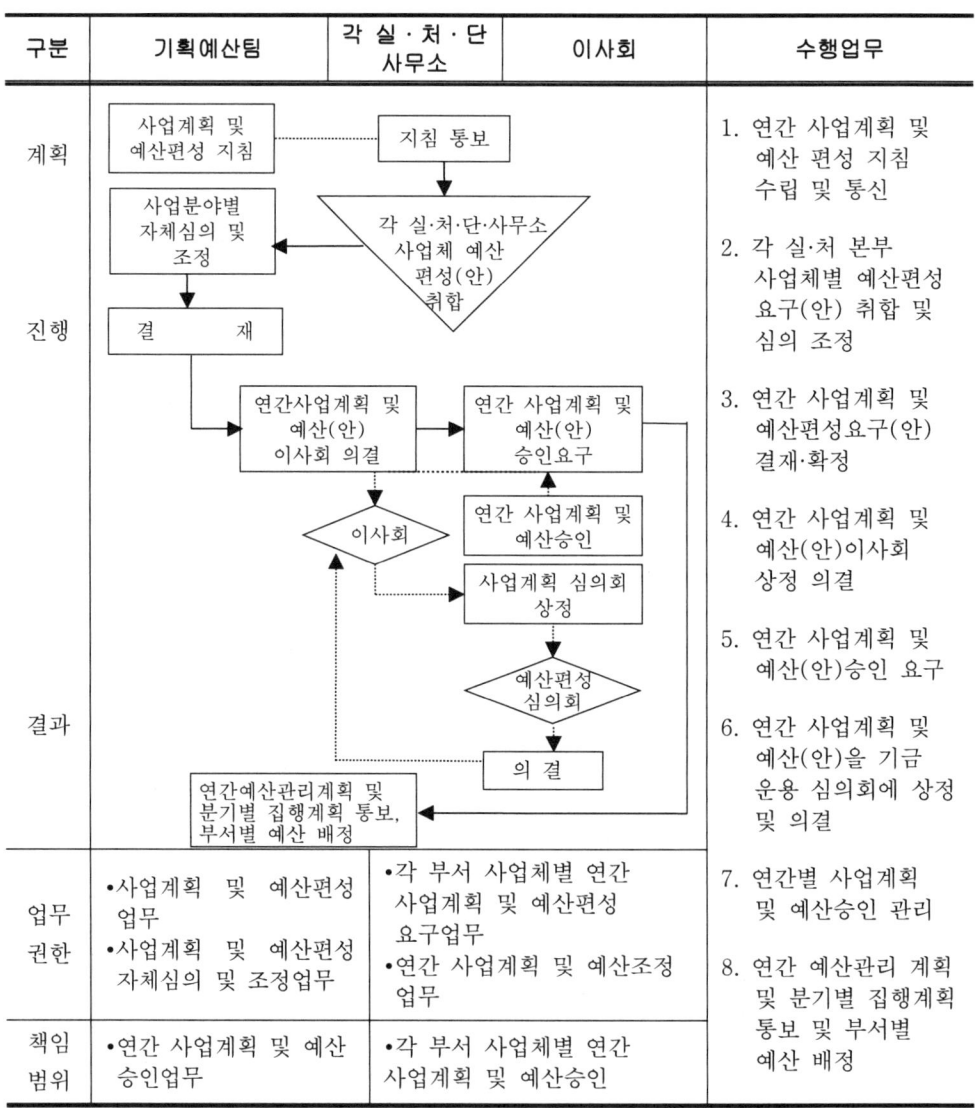

[목표관리 업무프로세스]

팀	경영기획 직렬	영업직종	생산직종	경영관리직렬
	기획실	각팀	각팀	경영관리팀
담당	사업기획담당	팀장	팀장	경영관리담당

업무과제					
	내용	• 중장기 전략수립 • 경영방침과 목표 설정	• 팀별 추진과제 및 목표성과 분류		• 전사 목표성과 조정 • 전사 실적통계 관리
	수행목표	• 직종, 직렬, 전사, 목표과제 성과단위 분류	• 팀 목표과제 분류 • 팀 성과단위 분류 • 팀간 지원 및 공동 수행과제 분류		• 전사 전략과제 및 성과과제 조정

업무시스템					
	인수경로	전사 경영전략 과제 설정 팀별 목표과제 할당	할당과제 영업방침 설정	할당과제 생산기술 방침설정	전사 계획과제 평가분석
	인계경로		목표과제 및 성과단위 통보	목표과제 및 성과단위 통보	전사 실행계획 조정·확정
			팀 목표과제 수행	팀 목표과제 수행	전사 수행과제 통제·평가

관리기능	계획설정	운영관리		통제관리

II. 조직기능과 편재직무

3. 학습내용 평가

문1. 조직(부서)운영에 직접적인 영향을 미치는 요인이 아닌 것은 무엇입니까?
　　① 기업비전과 경영방침　　② 중장기 경영전략과 경영목표
　　③ 기업의 사회적 이미지　　④ 신사업분야와 사업과제
　　⑤ 성과관리 과제와 인적자원

문2. 경영기획 조직(부서)은 어느 직종에 분류되어 조직목표와 경영성과관리 역할을 수행 합니까?
　　① 기획직종　② 관리직종　③ 영업직종　④ 생산직종　⑤ 개발직종

문3. 일반적인 측면에서 조직(분야, 규모)분류 단위가 적정한 것은 어느 항목입니까?
　　① 직종>직렬>직군>부서　　② 직군>직종>직렬>부서
　　③ 직군>직렬>직종>부서　　④ 직렬>직종>부서>직군
　　⑤ 직군>직렬>직종>부서

문4. 기획직렬 조직(부서)에서 중점적으로 수행하는 직무역할이 아닌 것은 무엇입니까?
　　① 경영정책 및 사업투자 전략개발　② 경영방침 설정과 경영목표관리
　　③ 조직기구와 직제 편제　　　　　④ 편성예산 집행실적과 효율성 분석
　　⑤ 운영제도 개발 및 제·개정 관리

문5. 일반적인 관점에서 중·장기(사업)계획이 중요한 직무로 편제되는 조직(부서)의 그룹은 어느 것입니까?
　　① 경영기획, 영업관리, 품질관리　② 마케팅전략, 경영기획, 기술연구
　　③ 회계관리, 시장개발, 생산관리　④ 경영기획, 마케팅전략, 생산관리
　　⑤ 기술연구, 시장개발, 생산관리

문6. 경영기획 조직에서 지향하는 업무성과관리 과제가 아닌 것은 무엇입니까?
　　① 지속경영 관리　　　　② 사업성장성 관리
　　③ 신사업 개발　　　　　④ 투자관리
　　⑤ 소비시장 개발

문7. 일반적으로 경영기획 조직에 편재되는 표준직무가 아닌 것은 무엇입니까?
　　① 경영방침과 계획관리　　② 경영정책 개발과 혁신관리
　　③ 조직편제 및 규정관리　　④ 인적자원 역량관리
　　⑤ 경영목표 할당과 성과평가

문8. 일반적 관점에서 조직(부서) 이기주의가 심한 기업의 경영목표관리 방법으로 정한 것은 무엇입니까?
　　① 탑다운(Top Down)방법의 목표과제 할당
　　② 보텀업(Bottom Up)방식의 목표과제 선정
　　③ 탑다운(Top Down)방법과 보텀업(Bottom Up)방식의 병행
　　④ 사업부문(직종, 직렬)별로 책임경영(관리)방식의 목표설정
　　⑤ 제안공모제 방법에 의한 목표과제 설정

문9. 책임과 권한이 합리적으로 배분되어 운영되는 조직(부서, 팀)에서 일반적인 경영목표관리 방법으로 적정한 것은 무엇입니까?
　　① 탑다운(Top Down)방법의 목표과제 할당
　　② 보텀업(Bottom Up)방식의 목표과제 선정
　　③ 탑다운(Top Down)방법과 보텀업(Bottom Up)방식의 병행
　　④ 사업부문(직종, 직렬)별로 책임경영(관리)방식의 목표설정
　　⑤ 제안공모제 방법에 의한 목표과제 설정

III. 직무수행능력 관리

1. 직무수행요건

□ 표준직무 수행요건이란 조직별로 편재된 직무를 수행하는데 필요한 실무능력과 필요지식, 직무적성으로 구성되며 직무역량 가치에 따라 설정됨
- 경영기획 조직의 직무수행에 필요한 요건은 II의 2.1의 표준직무 편재내용에 직무별로 구성되어 있으며 해당분야 직무 이해와 더불어 직무수행능력을 숙지해야 함

1.1 직무가치

□ 설계된 표준직무별로 추구하는 목표와 필요로 하는 능력의 중요도 수준에 대한 절대적인 가치수준과 직무별 성과관리 역할의 상대적인 중요도를 가치수준으로 분류하여 산정함
- 직무가치를 포괄적인 개념으로 확장하여 직무역량으로 지칭하는 경우도 있으나 직무가치는 직무가 지향하는 목표와 성과의 경제적 가치수준에 중점을 두는 반면, 직무역량은 요구되는 직무능력과 업무행동의 충족요인을 상대적인 중요도 수준으로 구분하여 설정하는 개념임
- 직무별로 측정되는 직무가치는 값의 크기에 따라 등급별(1등급

III. 직무수행능력 관리

직무부터 6등급 직무)로 구분한 후, 1·2등급 직무는 핵심직무, 3·4등급 직무는 중점직무, 5·6등급 직무는 일상직무로 분류하여 업무방법과 업무역할을 설정함
- 측정된 직무가치는 수준별로 구분하여 핵심직무는 차·부장의 상위직급 직무, 중점직무는 과장·대리 수준의 중간직급, 일상직무는 사원직급에서 전담하여 수행함

1.2 직무지식과 실무능력

가. 직무지식관리

□ 경영전략 수집과 경영방침관리, 신사업 개발과 경영성과관리를 위한 직무지식은 경영정책 이론, 경제분석 이론, 경영전략개발 이론, 재무투자 및 원가관리 이론 등의 전문지식이 필요함
- 경영정책 개발과 투자전략 수립
- 경영방침관리
- 경영성과 분석
- 운영제도 개발 및 제·개정관리
- 기구와 직제 편재
- 대외정책 관리역할 수행
- 영업정책 개발
- 시장동향 조사 및 성장성 분석
- 상품 라이프사이클 분석
- 상품개발 동향분석
- 홍보 및 마케팅 전략수립

Ⅲ. 직무수행능력 관리

- 생산기술 동향 조사
- 제품개발 과제설정
- 생산설비 투자계획
- 생산기술 및 품질기준 제정
- 생산원가 관리방안 설정
- 생산기술 정보관리 역할 수행
- 연구동향 분석
- 중장기 연구계획 수립 및 운영
- 연구명세서 관리
- 신제품 개발 및 시험생산
- 신기술 개발 및 특허관리
- 기술도입 및 기술제휴 관리역할 수행
- 경제동향 및 금융시장 환경조사 분석
- 투자위험도 분석 및 투자전략 수립
- 자산운용 계획 및 정책수립
- 자금운용 실적 및 효율성 분석
- 투자수입 분석 및 평가관리

나. 실무능력관리

□ 경영기획 조직 실무능력은 중장기 경영전략 실행과 목표관리, 신사업 개발 및 경영성과 관리, 조직설계 및 직제규정 관리, 예산편성 및 운영관리능력 등을 필요로 함

- 거시적 관점의 정치, 사회, 경제 패러다임의 변화 관련 지식과

Ⅲ. 직무수행능력 관리

경영관리 및 사업통제·조정 능력이 필요함
- 경영상황 분석능력
- 문제점 해결능력
- 경영혁신 테마관리능력
- 예산편성 및 통제 조정능력
- 산업동향 조사 및 실행계획관리
- 목표성과관리
- 실적분석과 평가관리
- 경영실적 보고관리
- 원가요소 이해
- 생산공정 및 업무이해
- 손익집계와 이체방법
- 조직원 동기요인 및 욕구 충족 이해
- 경영자 개혁의지 이해
- 중장기 경영계획 수립
- 사업계획서 작성방법
- 목표관리 지침 제정능력
- 전사목표와 개인목표의 조화
- 팀별 중점업무 목표 및 특성 파악
- 사업비 예산편성지침능력
- 질적, 양적 성과측정
- 통계적 분석기법 이해
- 제품별 제조원가 및 총원가

다. 직무적성과 업무 행동관리

□ 기업의 비전수립과 중장기 경영전략 및 경영목표 관리체계를 구축하여 기업 성장기반을 조성하며 지속가능경영을 위한 신사업 개발과 글로벌 경영시스템 구축 후 사업성장성 추진

직무 적성	○ 객관적 사실에 대한 탁월한 현상분석과 평가 ○ 시장 및 경쟁환경에 대한 방침수립, 전략실행력을 갖추고 새로운 대안을 탐색하는 능력 ○ 독창성과 우수한 기획능력 ○ 업무추진과 의사결정력 및 문제해결 능력과 리더십 역량

업무 행동	○ 정보분석력 ○ 방향설정력 ○ 문제해결력	○ 예측력 ○ 기획력 ○ 논리력 ○ 창의력	○ 탐구력 ○ 실행력 ○ 추진력 ○ 리더십

1.3 조직몰입도 관리

□ 조직몰입도는 조직과 직무역할에 대해 개인의 감정을 반영하는 태도로서 이직률, 결근율, 업무성과, 업무행동, 업무동기에 영향을 미치는 중요한 변수임

- 조직몰입도는 직무수행요건에 따라 조직역할의 자율성, 다양성, 정체성, 업무시스템 운영에 영향을 미치는 중요한 관리내용으로 인적자원관리 척도로 활용됨

III. 직무수행능력 관리

가. 조직몰입도 관리항목

□ 조직몰입도는 직무별로 요구되는 패턴이 다르나 공통적으로 고객가치 지향, 조직활성화, 업무능력 제고, 업무 혁신형으로 구분하여 영향요인별로 적정성 수준을 관리함

[조직몰입도 관리과제]

조직몰입도	관리항목
조직목표추구형	• 리더십 역량, 의사결정 능력, 제도 및 시스템 운영방법, 기업과 조직 귀속성이 높음
욕구성취형	• 팀워크, 업무행동 진중성, 역할의 신뢰관계, 목표 집중성이 높음
고객가치 지향형	• 지시·명령 이행력, 부서간 협력, 고객 서비스, 표준직무 관리, 기업귀속성이 높음
조직활성화형	• 목표·방침·계획 이해력, 역할의 통제·조정력, 조직분위기 고취, 기업귀속성이 높음
업무능력 제고형	• 능력개발 지향, 성과 및 능력평가 관리, 업무태도 활성화, 일의 집중력을 향상시킴
업무혁신형	• 리더십 역량, 부서간 협력, 조직문화 귀속력, 일의 집중력이 높음

나. 조직몰입도 영향요인

□ 조직몰입도 활성화를 위해서는 조직몰입도 영향요인의 지향과제 또는 관리내용을 강화 및 관리하고 이러한 역할과 추진방향을 면접과정에서 설명함

[조직몰입행동 관리]

업무행동	업무역할	몰입행동
업무 추진력	리더십	• 조직목표 과제이해와 업무성과관리, 업무방법 지도 및 멘토링 관리와 조직 그룹활동을 강화시킴
	의사결정 능력	• 경영전략과 경영방침의 이해와 목표관리 방향 설정 및 문제 현안에 대한 의견토론과 의견수렴, 지시·전달 체계의 확립과 공동체 의식을 고취시켜 실행 과제를 정립·관리함
	업무시스템 체계화	• 업무규정과 규칙 및 인사제도의 재정비, 인적자원 관리방법 선진화를 지향함
	지시·명령 체계 확립	• 업무권한과 책임범위 명확화, 위임·전결관리 기준을 준수하면서 인간관계의 조력역할과 업무성과 중심의 역할을 수행하거나 조직문화 및 팀 학습 프로그램을 활성화시켜 조직효율성을 향상시키면서 경영혁신 과제의 변화관리를 추진함
	통제·조정 역할	• 목표와 실행계획의 명확화, 업무프로세스와 업무 방법 명료화, 권한과 책임, 리더십 역량 강화, 업무 표준화와 시스템화를 통해 실현됨

업무행동	업무역할	몰입행동
업무 집중력	업무행동 집중화	• 업무책임감과 집중력을 향상시키고 조직적응력과 협동성을 관리하여 업무동기 활성화와 삶의 목표를 체계화함
	조직분위기 활성화	• 목표의식과 성과관리 책임강화, 업무자율성과 협동심 향상, 업무방법과 역할의 구체성, 성과와 능력중심의 처우·보상 관리, 경력관리 및 직무능력 개발지원을 통해 실현됨
	일에 대한 집중력 향상	• 성장전략과 직무능력 및 업무역량 관리, 업무성과 지향성 향상, 직무표준 관리와 업무생산성 관리를 통해 역량 전문화를 촉진함
	기업 귀속성 향상	• 기업성장성과 개인목표 연계성 관리, 직업 안정성과 직무능력 전문성관리, 업무성과 향상, 경력관리 지향

III. 직무수행능력 관리

업무행동	업무역할	몰입행동
업무 협동성	팀워크 활성화	• 업무중심 결속력과 사람중심 친화력을 향상시켜 조직 및 업무분야별 책임과 권한의 명확화와 팀 그룹 활동을 강화시킴
	조직 신뢰관계	• 그룹 활동의 적극적 참여와 조직 공동체의식을 고취하여 정서적 일체감을 조성하고 업무가치관을 다원화시켜 포용력을 향상시킴
	조직협력 관리	• 업무표준 관리와 업무프로세스 구축, 업무권한과 책임명확화 및 조직 공동체의식 강화와 기업문화 관리를 통해 실현됨
	업무태도 활성화	• 조직목표와 성과관리 역할지향성에 따라 자기가치 중심화 성향을 설정하여 업무성과 지향적인 역할과 이미지 관리를 통하여 업무동기를 강화함
	조직문화 및 기업이미지 활성화	• 기업의 경영이념, 경영전략 정립, 경영목표의 동질성 확립, 지역사회 문화가치 수용과 조직적 융화관리, 공식적·비공식적 사회공헌 활동과 기업 이미지 강화 역할을 수행함

업무행동	업무역할	몰입행동
업무 목표력	표준직무 관리체계 확립	• 직무가치와 직무역량수준 관리, 직무수행요건 관리, 업무시스템 구축과 성과관리 체계 확립을 통해 관리환경이 조성됨
	경영목표와 방침관리	• 비전과 경영이념 이해, 경영목표 관리와 경영계획 실행, 기업문화 활성화를 통해 관리환경이 조성됨
	능력개발	• 삶의 목표와 비전이 확립되고 역량전문화 방향이 설정된 후 업무수행 능력을 평가하고 능력개발 과제와 수준을 분류하여 교육연수 프로그램, 학점이수제 및 팀 학습 과정을 활용하여 학습함
	업무역량 평가	• 업무성과 관리와 우수한 인적자원으로 성장하기 위해 직무능력, 수행역할, 업무태도에 대한 평가, 직무적성과 적응력을 점검하여 역량개발 방향과 교육훈련 및 경력관리 과제를 설정함
	커뮤니케이션 활성화	• 업무목표와 성과관리 역할의 지향과제를 설정하여 커뮤니케이션 메시지를 구축하고 정보시스템별로 공동체 의식을 함양시킴

2. 직무능력 학습

□ 경영기획 부문은 기업경영 전략의 체계화와 경영방침 및 목표 설정, 전반적인 경영현황 관리, 경영실적 분석 및 평가관리 역할을 수행함
  • 요구되는 직무지식은 정치, 경제, 사회환경과 산업성장 패러다임에 대한 이론지식, 자사 및 경쟁기업에 대한 경쟁능력 분석 스킬, 경영전략 및 경영성과관리 실무지식 학습이 요구됨
  • 사업부문별로 경영전략 계획, 사업구조 계획, 시장관리 계획, 제품개발 계획, 지원관리 계획, 업무실행 계획을 수립하거나 관리체계를 확립하므로 아래의 실무지식 학습이 필요함

[이론 및 직무지식 학습과제]

이론지식	실무지식
• 경영·경제 이론 • 미래산업 발전모델 • 정치·사회학 이론 • 경영정보관리 • 사업분석·평가능력	• 경영정보 조사·분석 • 산업동향 파악과 미래전망 • 제품생산 및 영업능력 분석·평가 • 재무분석과 사업성 검토

  • 경영기획 분야는 전사적인 목표관리를 위해 문제원인 탐색, 실행가능 대책수립, 결과평가, 의사결정 영향요인 설정 및 분석, 실행계획의 스케줄화, 실행성과 측정 및 평가·분석 역할을 수

III. 직무수행능력 관리

행하기 위해 아래의 실무능력개발이 필요함

[기획분야별 실무지식 학습내용]

구분	학습과제	
사업기획	• 경영정책 개발 • 투자전략 수립 • 경영방침관리 • 경영성과 분석	• 대외정책관리 • 운영제도 개발 • 운영제도 제·개정 • 기구와 직제편재
영업기획	• 영업정책 개발 • 시장동향 조사 • 성장성 분석	• 상품 라이프사이클 분석 • 상품개발동향 분석 • 홍보 및 마케팅 전략수립
재무기획	• 경제동향 조사·분석 • 금융시장 환경 조사·분석 • 투자위험도 분석 • 투자전략 수립	• 자산운용 계획 및 정책 수립 • 자금운용 실적 및 효율성분석 • 자산투자 및 유가증권 운영 정책관리 • 투자수입 분석 및 평가관리
연구기획	• 연구동향 분석 • 중장기 연구계획 수립 및 운영 • 연구명세서 관리 • 신제품개발 및 시험생산	• 신기술개발 및 특허관리 • 기술 도입 • 기술제휴 관리
생산기획	• 생산기술 동향조사 • 제품개발 과제설정 • 생산설비 투자계획	• 생산기술 및 품질기준 제정 • 생산원가 관리방안 설정 • 생산기술 정보관리

□ 실무능력개발 및 학습과제

- 국내외 산업환경 평가 및 경제지표 분석능력, 기업에 편재된 직무능력 분석, 경영정책 및 경영현황 분석능력
- 경영방침 수립 및 경영목표 설정, 조직 개폐 및 직제 신설능력, 전사적인 기능설정 및 업무프로세스 구축능력
- 수리능력, 가치공학능력, 광고 및 홍보 전략수립, 문제점 탐색 및 분석능력, 위기관리 능력
- 경제동향과 기업실적 예측능력, 경영혁신 관리능력, 광고기획 능력
- 경영분석능력, 프레젠테이션(발표)능력, 회계 및 재무지식, 예산 편성 및 통제능력, 목표관리능력, 업무조정능력, 문제해결능력

□ 실무능력 학습방법

- 인턴 학습
  - 경영기획 조직 및 유사분야(경영혁신, 경영관리) 조직대상 실무학습
  - 직무중요도가 높고 전문지식이 요구되는 직무분야는 인턴기회가 적음
- 사례내용 학습
  - 공공기관의 경영계획서, 경영전략, 경영평가 보고서, 조직구조와 직무편재 내용을 활용
  - 민간기업은 관련 자료를 대외비로 분류하여 공개되지 않음

III. 직무수행능력 관리

3. 학습내용 평가

문1. 조직에 편재된 표준직무의 수행요건(능력) 항목이 아닌 것은 무엇입니까?

① 직무지식   ② 실무능력   ③ 업무방법   ④ 업무행동   ⑤ 권한과 책임

문2. 조직에 편재된 표준직무의 가치를 적절하게 표현한 내용은 무엇입니까?

① 조직(부서)의 상대적인 중요도를 구분한 것

② 직무가 지향(내포되어 있는)하는 목표와 성과의 경제적 가치수준

③ 조직원들의 역할을 구분하기 위한 분류기준

④ 직무수행요건을 설정하기 위해 임의적으로 구분되는 분류단위

⑤ 계층별로 담당하는 역할을 구분하는 단위

문3. 표준직무 수행에 필요한 직무지식을 가장 적절히 표현한 내용은 무엇입니까?

① 직무목적과 역할을 명제적인 개념으로 구성한 내용

② 직무에 내포(목적, 방법, 성과)되어 있는 특징을 표현한 개념

③ 직무수행방법이 지식정보로 누적된 개념

④ 표준직무 수행에 요구되는 이론적인 논리와 방법론적으로 응용할 수 있는 공인된 개념

⑤ 직무편재 내용(범위, 방법, 책임)을 상징적으로 표현하는 개념

문4. 표준직무 수행에 필요한 실무능력을 가장 적절히 표현한 내용은 무엇입니까?

① 직무목적을 실행하는 방법론적인 역할의 내용

② 표준직무 특성(목적, 방법, 책임)의 논리적인 개념과 경험적인 방법론을 응용하는 역할

③ 직무수행방법이 경험적으로 축적된 역할의 내용

④ 여러 사람(조직원)이 공통적으로 경험한 내용을 표준화시킨 방법

⑤ 직무수행과정을 상징적으로 표현하는 개념

III. 직무수행능력 관리

문5. 직무수행에 필요한 업무행동에 대한 설명으로 적절한 내용이 아닌 것은 무엇입니까?
　① 담당직무수행과 조직(부서)문화에 최적화된 마음가짐과 자세
　② 조직활동에 표준적으로 요구되는 업무자세
　③ 담당직무를 생산적이고 효율적으로 실행하는 업무태도
　④ 직무수행과정에서 조직원이 공통적으로 나타내는 표준적인 행동패턴
　⑤ 직무수행역할과 방법을 과정별로 상징적으로 표현하는 개념

문6. 일반적인 관점에서 직무적성을 선천적인 우월성으로 표현하는 경우도 있는데 구성요소들이 가장 적절히 분류된 것은 무엇입니까?
　① 독창성, 창의성, 탁월성　　② 분석력, 기획력, 논리력
　③ 책임감, 추진력, 해결력　　④ 탐색력, 리더십, 실행력
　⑤ 목적성, 성취력, 예측력

문7. 직종·직렬의 분류단위 중 일반적으로 기획직렬에서 가장 필요로 하는 조직 몰입행동의 패턴은 무엇입니까?
　① 욕구성취형　　　　　② 고객가치 지향형
　③ 조직활성화형　　　　④ 조직목표 추구형
　⑤ 업무능력제고형

문8. 직종·직렬의 분류단위 중 일반적으로 관리직렬에서 가장 필요로 하는 조직 몰입행동의 패턴은 무엇입니까?
　① 욕구성취형　　　　　② 고객가치 지향형
　③ 조직활성화형　　　　④ 조직목표 추구형
　⑤ 업무능력제고형

문9. 직종·직렬의 분류단위 중 일반적으로 영업직렬에서 가장 필요로 하는 조직 몰입행동의 패턴은 무엇입니까?
　① 욕구성취형　　　　　② 고객가치 지향형
　③ 조직활성화형　　　　④ 조직목표 추구형
　⑤ 업무능력제고형

Ⅲ. 직무수행능력 관리

문10. 직종·직렬의 분류단위 중 일반적으로 생산직렬에서 가장 필요로 하는 조직몰입행동의 패턴은 무엇입니까?

① 욕구성취형　　② 고객가치 지향형
③ 조직활성화형　④ 조직목표 추구형
⑤ 업무능력제고형

문11. 조직몰입행동 활성화 방법으로 영향력이 낮은 항목은 무엇입니까?

① 업무성과지향　② 업무추진력
③ 업무집중력　　④ 업무협동성
⑤ 업무목표력

문12. 직무능력개발을 위한 학습방법으로 가장 적절한 내용은 무엇입니까?

① 대학교재 등 이론서 중심으로 학습
② 동일직무분야 인턴경험에 의한 업무방법 중심학습
③ 관련분야 기초지식과 동일직무분야 경험 및 사례학습
④ 다양한 직무분야의 인턴경험
⑤ 다양한 분야의 전문서적 및 연구논문으로 학습

문13. 실무능력개발 효과가 나타나지 않는 역할은 무엇입니까?

① 미래산업 발전모델 조사 및 분석
② 사업성과 분석 및 평가
③ 생산공정 및 제품품질 분석
④ 마케팅전략과 고객행동 분석
⑤ 사업성 검토와 예산분석

IV. 핵심직무 실무능력개발

1. 비전관리 직무

1.1 비전기능과 구성요소

□ 비전은 기업의 존재적 가치를 실현하는 방향으로 미래의 존재 상태와 가치실행 방법이 설정됨
- 즉 비전은 기업의 존립기반과 운영기능이 통합된 개념으로 전사적으로 공유되어 사업추진 방향의 일관성과 실행방법의 체계성을 갖추어야 함
  - 비전 공유성 향상을 위한 간결성, 수용력, 전달성 추구
  - 비전 실행력 향상을 위한 개념 명료성, 욕구와 동기, 충족성

가. 비전구성 요소와 영향요인

[비전의 실행력 향상요건]

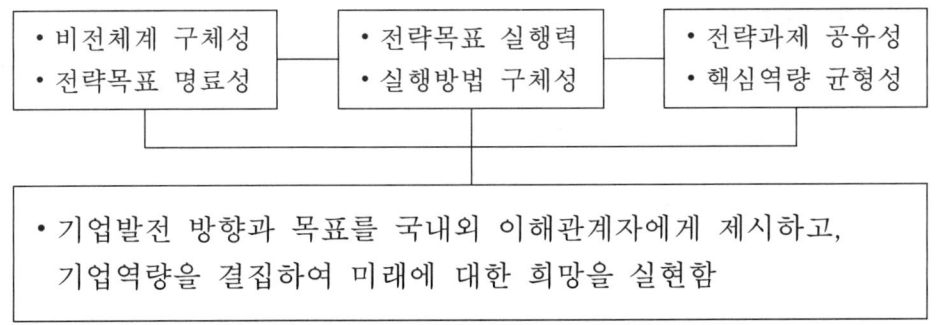

Ⅳ. 핵심직무 실무능력개발

[비전 실행 영향요인]

- 글로벌 산업환경
- 정치·경제·사회 문화 가치

→

- 산업모델과 성장 기반
- 경영자원과 역량 수준

→

- 경영성과와 사회적 이미지
- 기업문화와 조직 몰입도

나. 비전지향 과제평가

□ 비전의 존립기반 과제와 가치실행 운영기능의 영향요인 척도를 평가하여 비전 확산 및 구성 방향을 설정함

[비전지향과제 평가항목]

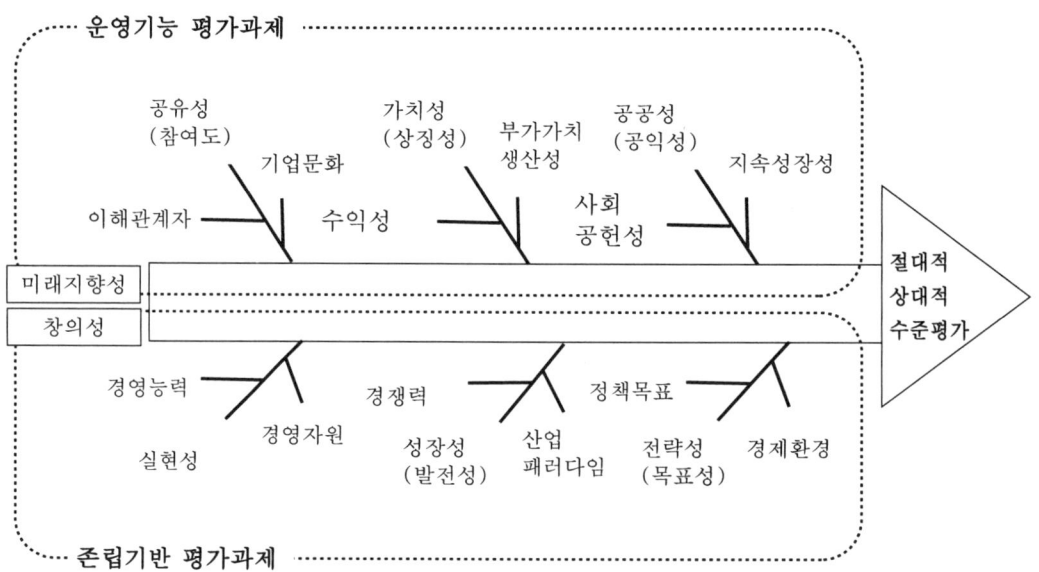

[비전지향과제 평가사례(예)]

구분	비전(추진안 사례) 공공성/공익성	산업 경쟁력	글로벌 개념	산업 성장견인	사업 운영기반	고객 서비스	역할 전문화
존립기반	공공성/공익성	5	3	4	5	5	4
	지속성장성	5	4	5	4	4	5
	사회공헌성	5	3	4	4	5	4
	전략성/목표성	5	5	5	3	4	5
	경제환경	5	4	5	3	3	4
	정책목표	4	4	4	4	4	4
	성장성/발전성	5	5	5	4	4	4
	경쟁력	5	3	5	4	4	4
	산업패러다임	3	4	4	4	4	4
	미래지향성	4	4	4	3	4	4
	소계	46	42	45	38	41	42
운영기능	가치성/상징성	5	4	5	5	5	5
	수익성	3	3	4	3	4	5
	부가가치생산성	4	4	4	4	4	4
	공유성/참여도	5	3	4	4	4	3
	기업문화	4	3	4	3	5	4
	이해관계자	4	3	4	4	5	4
	실현성	4	4	4	4	5	4
	경영자원	5	4	4	4	4	5
	경영능력	4	4	4	3	4	4
	창의성	3	4	3	3	3	3
	소계	41	38	40	37	43	41
	합계	87	80	85	75	84	83

Ⅳ. 핵심직무 실무능력개발

1.2 비전운영관리
가. 비전 운영체계 구축
□ 비전의 구성요소와 가치실행력을 분석하여 경영전략과 경영방침 실행, 경영목표와 경영계획 실행방향을 설정함

[비전운영 시사점]

- ㅇ 미래 성장방향 제시
- ㅇ 전략추진 관점 구체화
- ㅇ 기업 정체성 확립
- ㅇ 사업운영 방향 명확화

[비전운영 관점과 체계]

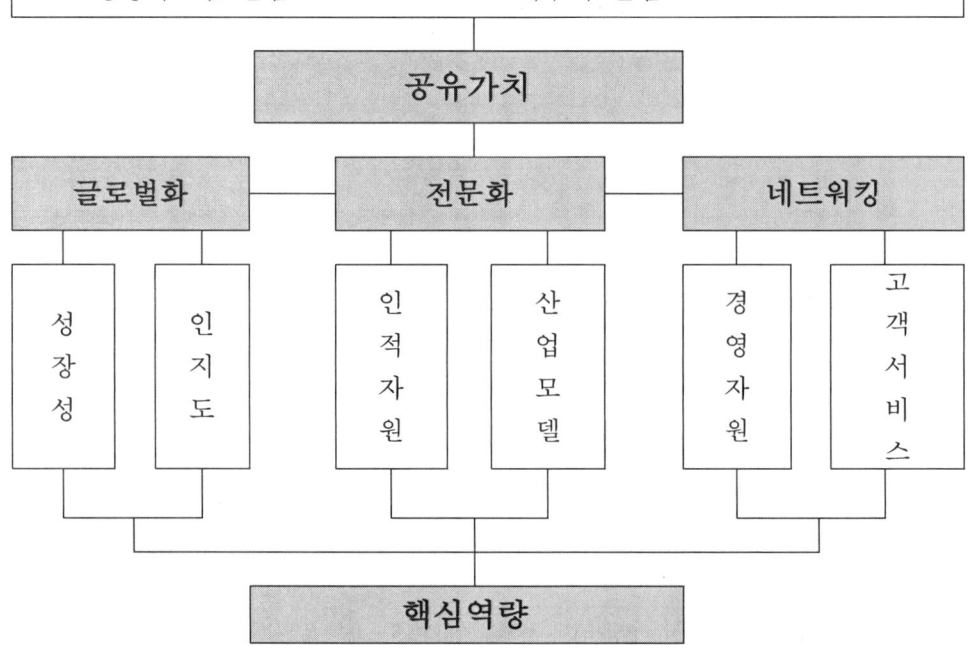

나. 비전 공유와 확산

□ 비전을 조직원 및 이해관계자, 지역사회 시민들과 공유하여 사회적 연대감을 형성하여 리더십 기반조성과 전략추진력을 향상시킴

[비전확산 방법]

비전가치 관리	• 비전 실행방법과 계층별 역할의 구체화 • 핵심역량과 공유가치의 이미지 확산 프로세스 구현	
공유개념 정립	• 미래사업 성장성 이미지 구축 • 선진고객 서비스 활성화 • 경영역량 전문화와 성과 고도화 실현	→ • 글로벌화, 전문화, 네트워킹 • 시스템화, 정보화, 서비스화
확산 프로그램 운영	• 조직원 워크숍 • 비전 및 전략과제 실행력 강화 교육훈련 • 비전홍보 및 슬로건 실행	
공유수준 점검	• 조직원 기업문화 수용도 측정 • 이해관계자 설문조사	
기업문화 활성화	• 비전의 기업문화 승화 교육실시 • 조직원 업무동기 유발 기업문화	

IV. 핵심직무 실무능력개발

[비전확산 프로그램 운영]

비전 워크숍	• 비전전략 관점 공유가치 전달방안 모색 • 비전실행 전략과제와 경영혁신 방안 토론 • 비전전략 체계 기업문화 공유 및 추진과제 조정
비전체계 교육	• 신비전 및 전략과제, 경영목표 교육훈련 과정 운영 • 신비전 관련 이해관계자 대상 세미나 실시
비전 슬로건화	• 모든 공문서, 업무양식, 전자 결재자료 등에 비전슬로건 등재 • 비전슬로건 홍보물 게시 및 대국민 여론매체 활용 홍보 실시
비전 홍보강화	• 새로운 비전체계를 설명하는 브로슈어 제작 및 배포 • 비전, 전략경영 관련 경영진 메시지 메일링 • 조직원, 이해관계자, 지역사회 공중 인트라넷에 비전체계 피드백 창구 개설
비전공유 설문조사	• 조직원, 이해관계자, 지역사회 공중대상 1년 단위로 비전, 전략 공유 활용수준에 대한 설문조사 실시 후 문제점 발굴 및 개선 활동 수행

[비전공유 수준조사]

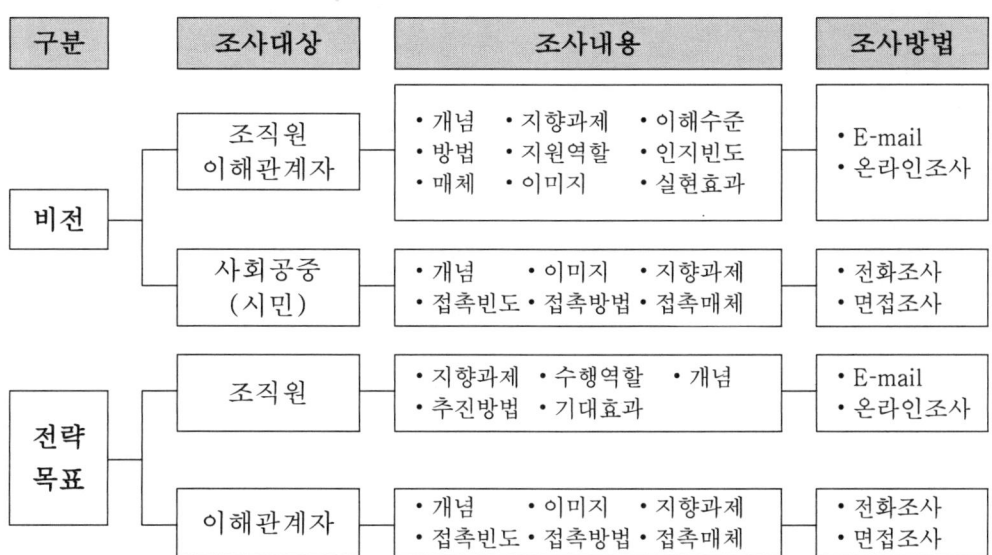

1.3 실무능력 점검과제

□ 비전에 대한 실무역량 면접질의는 개념에 대한 이해, 비전의 가치지향성, 비전설계 및 운영방법, 비전관리 방법과 운영 체계에 대한 이해가 필요함

- 비전 설계 및 구성요소에 대한 개념이해
- 비전 확산 및 비전관리 방법이해
- 비전 지향과제 평가지표와 영향요인 이해
- 비전 운영시스템과 관리체계 이해
- 비전 확산 프로그램 관리내용

2. 경영전략 직무

2.1 경영전략관리

□ 경영전략은 기업의 미래성장과 지속가능 경영을 위해 미래의 산업환경 변화를 예측하여 바람직한 경영구조의 구축과 성장목표 및 사업관리 방향을 설정하여 현재의 경영구조를 변화시키는 역할을 수행함

- 경영전략은 비전을 실현하기 위한 성장방향과 발전방법으로 수립되며, 경영구조와 경영기능의 효율화와 사업관리의 혁신성을 추구하는 관리체계를 확립함

가. 경영전략 과제도출

□ 경영전략은 산업환경과 상호작용 하면서 예측되는 미래 산업 환경의 영향력 크기에 따라 경영전략 전개방향이 설정됨

[경영전략 과제도출]

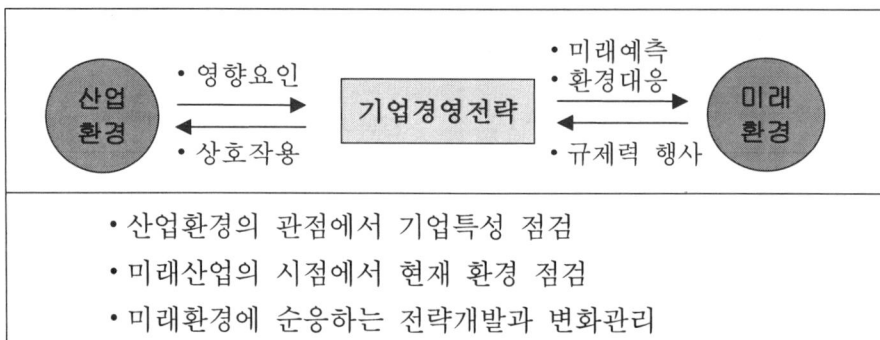

[경영전략 관리체계]

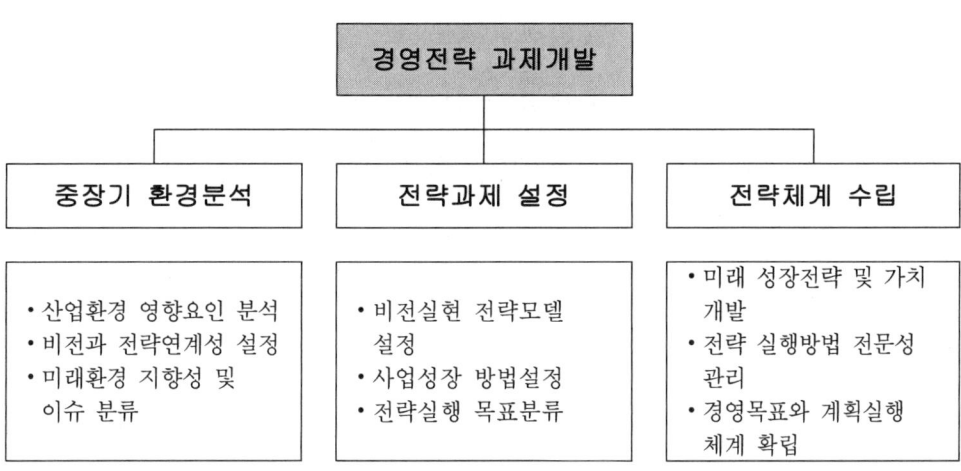

나. 경영전략 구조설정

□ 경영전략 구조는 구조적 측면의 전사적 목적설정과 내용적 측면의 미래환경 대응, 운영적 측면의 사업관리 역량의 영향을 받음

□ 경영전략의 전사적 목적
- 환경예측 정보를 참고하여 장래에 바람직한 경영구조 설정
- 기업의 미래 성장 방향과 구축 및 도달목표 정립
- 전사적 경영활동의 시작점과 종착점의 시스템화
- 경영목표와 성과관리 역할의 수평적 네트워크 구축

□ 환경예측
- 전사 목적설정을 위한 현재 환경 예측과 영향요인 분석
- 사업성장 관리를 위한 미래 환경 예측과 불확실성 분석
- 조직기득권층의 변화관리 저항을 예방하는 적극적이고, 능동적인 리더십 개발

IV. 핵심직무 실무능력개발

□ 사업역량 평가
- 미래환경 변화추진을 위한 바람직한 경영구조와 사업모델 추진
- 역량평가와 현실의 문제점 개선 및 능률화 방향 설정
- 전략의 당위성에 입각하여 의도적으로 달성할 목표에 적합한 경영자원 관리방향 설정
- 중장기적인 관점의 경영전략 실행역할과 관리지침 설정

2.2 경영전략 수립

가. 경영전략 체계

□ 경영전략은 장기적 관점의 경영환경, 정책방향, 전략실행 방법연구와 단기적 관점의 사업역량을 평가하여 사업 우선순위 전략과제를 설정함
- 미래 사업성장성과 바람직한 경영구조 설정을 목적으로 현재의 사업분야, 사업방법, 경영구조 변화관리를 위한 전략적 의사결정 방향 설정
  - 미래 경영환경변화에 따른 현재의 사업모델 개선방향과 전략목표 설정
  - 전사적 시점의 최적 전략과제 개발과 개선 방향 설정
  - 전략 우선순위에 따른 자원배분기준과 효율성 향상 방안

[경영전략 수립 체계]

전략과제 도출 → 경영전략 수립 → 전략실행 방법

경영철학검토 → 기업비전

산업환경 분석
사업역량 평가
시장경쟁력 분석
전사목표설정
경영자원 분석

→ 경영전략 과제도출 ← SWOT 분석

→ 경영전략 방향설정 → 전략실행 체계정립 → 경영목표 구성 → 전략추진 계획수립

→ 전략실행 방법설정 → 전략성과 평가관리 → 핵심성과 요인도출 → 전략실행 체계정립

나. 경영전략 목표설정

□ 미션과 비전이 연계되고 사업성장성을 지원하는 목표과제를 선정하여 사업분야별 성과달성을 위한 운영기반을 조성함

- 전략목표의 타당성과 실현가능성에 따라 명료하고 구체적으로 설정
- 전략목표의 진행사항과 목표달성 방법, 투입자원과 실행효과를 분석하여 사업우선순위별로 설정

IV. 핵심직무 실무능력개발

[경영전략목표 구성]

미션 연계성	• 기업의 존재적 가치 확립과 존립기반을 강화하는 전략목표 설정
비전관리	• 비전실행 방법의 최적화를 위한 전략목표 설정
경영자원 관리	• 산업환경 변화에 대응하는 경영자원(자본적, 물적, 인적) 관리방법 설정
미래 성장기반 관리	• 미래 사업관리를 위한 핵심역량 강화, 운영시스템 선진화, 산업경쟁력을 향상하는 전략과제 개발
조직성과 관리	• 경영전략 실행과 경영목표 달성을 위한 조직역량 관리목표 설정

2.3 경영전략 실행

가. 경영전략 추진

□ 기업의 미래가치 실현과 사회적 목표를 달성하기 위해서는 목표달성 대안의 평가, 경영자원 결정, 전문지식과 역량을 평가하여 전략목표 실현성을 향상시킴

- 국내외 사회적, 경제적, 정치적, 문화적 제반 상황 및 사내의 전반적인 여건을 분석하고, 분석결과에 따라 전략목표와 실행과제를 조정함
- 미래 환경변화 예측결과를 토대로 사업역량의 강·약점 분석, 경

쟁기업 변화예측, 전략목표실행 영향요인을 분석하고, 전략목표 관리방법을 설정함

[경영전략 추진체계]

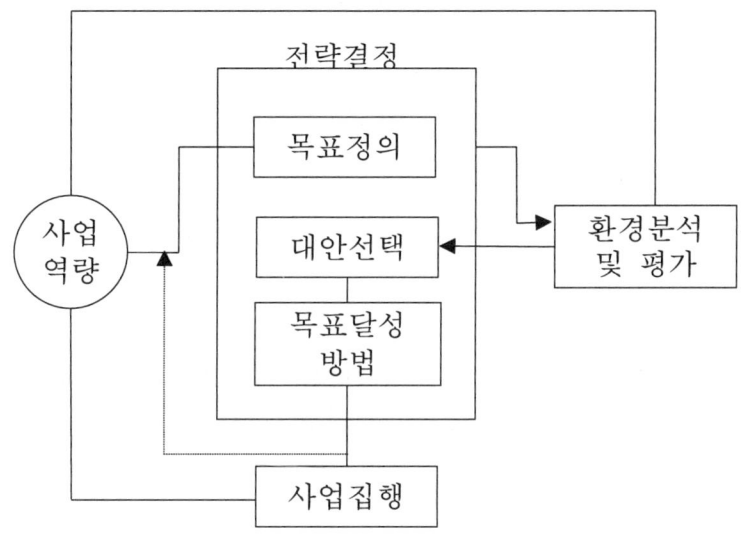

[경영전략 추진방법]

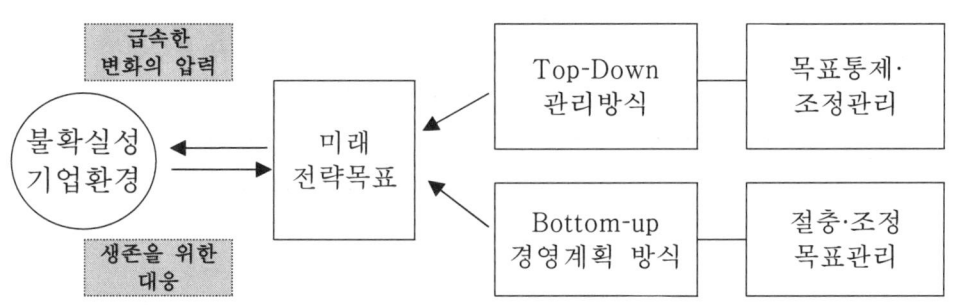

나. 경영전략관리

□ 경영전략은 의도적·시스템적으로 조직전체가 실천하는 활동으로서 전략목표를 실천하기 위해 일정한 절차와 순서에 따라 전체

조직원이 참여하게 됨

- 상사가 부하에게 목적, 방침, 목표를 지시하고 부하는 상사에게 지시를 전개할 구체적 계획의 제안을 하게 되며, 조직 간에 수직·수평적인 역할을 조정하여 추진함
- 전사적 의사결정
  - 부문의 생존이 아닌 전사적인 성장을 위한 전략목표 실현을 위해 최고경영자가 미래지향적인 추진목표를 주도적으로 설정하여 사업 분야별로 목표과제를 실행함
- 시스템적 의사결정
  - 사업분야별 실행과제를 전사적인 전략목표에 포함시켜 전사적인 전략체계에 따라 목표과제를 실행함
- 의도적인 의사결정
  - 전사적 시스템 의사결정 과정에서 발생되는 문제점과 제약요인의 변화관리를 위한 전략 및 전술계획을 수립함

[전략 및 전술계획관리]

구분		전략계획
전략계획목표	전사목표의 전략계획	• 사업분야 • 사업구조계획 • 제품구조계획
	부분 목표의 전략계획	• 제품·시장성장 계획 • 자원·시장개발 계획 • 역량전문화 계획 • 수단·방법 변화계획
전술계획목표		• 경영전략 실행방법의 변화관리 계획 • 전사목표와 각 사업분야별 목표를 설정하여 사업분야별로 할당한 후 책임과 권한을 부여하여 실행하게 함

2.4 실무능력 점검과제

□ 경영전략 직무에 대한 실무역량은 경영전략 개념과 전략체계, 전략목표, 전략실행 방법에 대한 이해와 경영전략 경영계획 차이성, 경영목표설정 영향력, 전사전략과 부문전략의 종류와 실행방법 및 운영체계에 대한 이해가 필요함

- 경영전략, 경영방침 및 경영계획의 특징과 차이
- 미래 산업환경 변화에 대응하는 경영전략수립 방향
- 전사 경영전략과 사업분야 경영전략의 특징과 차이
- 경영전략 영향요인, 미래 산업환경, 기업사업 분야, 사업목표와 사업성과, 경영자원과 역량의 특징과 분석과제
- 경영전략 결정요소의 사업모델, 경영목표, 실행과제, 경영성과 관리방법과 전략실행 우선순위
- 경영전략 운영방법과 Top-Down방법과 Bottom-Up방식의 특성 차이

3. 경영계획 직무

3.1 경영계획관리

가. 경영계획 과제

□ 경영계획은 미래의 기업환경에 대비하여 기업이 추구할 경영목표와 정책방향을 체계적이고 포괄적으로 제시함으로써 기업의 성장

Ⅳ. 핵심직무 실무능력개발

　　잠재력과 보유자원을 보다 효과적이고 발전적인 방향으로 활용되도록 함
- 경영전략과 사업목표를 효율적으로 관리하기 위하여 단계별 실행과제와 사업성과 및 목표관리방법을 설정하고 환경변화에 대응하는 사업내용의 통제·조정 방법과 평가체계를 확립하고 경영능률 증진방안을 수립함
- 기업의 안정적인 성장을 위해 기업 활동의 진행방향을 명확하게 하여 일정기간 내에 목표달성을 위해 경영활동이 나가야 할 방향을 제시함
    - 사업전망과 성장 잠재력을 토대로 중장기적으로 어떤 사업을 어떤 대상과 목적으로 할 것인가를 결정함
    - 계획사업 실행방법과 추진일정, 성과관리 방법을 설정함

□ 경영계획 목적 설정
- 경영계획은 사업관리 효율화와 성과관리 시스템화, 조직역량 전문화와 재무안전성 관리, 이해관계자 만족도 관리를 위해 수립됨
- 사업관리 효율화를 위해 사업로드맵 구성, 연관사업 분야와 시너지효과 확대, 글로벌 네트워크를 구축함
- 성과관리 시스템 구축을 위해 핵심역량에 목표관리, 사업성과 평가관리 인프라 구축, 사업성과 보상관리 체계를 설정함
- 조직역량 전문화를 위해 표준직무 등급설정, 업무수행요건 설정, 업무프로세스와 시스템 구축, 인재상 정립과 인적자원 육성제도를 설정함
- 재무안정성 강화를 위해 수익사업모델의 다양화, 원가관리 체계

확립, 사업 및 소비시장에 대한 포트폴리오 관리로 부가가치 생산성을 향상시킴
- 이해관계자 만족도 관리를 위해 기업의 경영실태와 경영성과에 대한 공시제도를 운영하고 이해관계자와 정보 네트워킹 체계를 설정함

□ 경영계획 과제분석
- 경영계획을 수립하기 위해 사업구조와 핵심가치 및 성장 잠재력 분석, 조직 및 인적자원 역량분석, 재무현황 영향요인을 분석하여 계획실행 방향을 설정함
- 사업구조 분석을 위해 경영목표, 경영성과, 사업별 액션플랜, 신사업개발 계획, 업무생산성을 분석함
- 핵심가치와 잠재력 분석을 위해 미래전략의 추진역량, 사업분야별 경쟁역량과 성장잠재력, 경영혁신 의지와 변화관리 과제를 분석함
- 조직과 인적자원의 역량분석을 위해 조직의 혁신성과 운영기능 분석, 업무프로세스의 효율성 분석, 기업문화 활성화 수준 분석, 조직몰입도 평가, 인적자원의 업무역량을 분석함
- 재무현황 분석을 위해 재무안전성과 투자자본 회전율, 원가구조와 수익률, 미래가치 생산인프라, 사업성장성과 시장점유율을 분석함

나. 경영계획 종류

□ 경영계획의 종류는 전사계획과 부문계획, 사업부계획과 기능계획, 개별계획으로 구분되고 전사계획은 경영전략 실행을 위한 종합적인 계획내용으로 구성되고 부문계획은 종합계획의 하위 개념으로 사업단위별로 설정되어 전사계획을 지원함

- 사업부계획은 사업 분야별로 전사계획과 연계되어 수립되며 기능계획은 사업분야 운영기능별로 구성됨
- 개별계획은 직무분야별 기능계획을 기본단위로 분류하여 사업 실행 방법별로 설정됨
- 사업기간별 계획은 단기·중기·장기계획으로 구분되며 과거에는 장기 계획기간을 10~15년 단위로 설정하였으나 최근 산업 라이프 사이클이 짧아지면서 5~7년 단위를 장기 계획기간으로 수립함

[사업범위별 계획]

전사계획	사업부계획	개별계획
부문계획 (직무분야별 교육) • 사업부단위계획 • 공장단위계획 • 지사단위계획	기능계획 (직무분야별 교육) • 재무계획 • 영업 및 생산계획 • 구매 및 노무계획 • 연구개발계획 등	상품개발계획 • 특정시장개발 및 관리계획 • 공장신설 및 설비 투자계획 • 자금조달계획 등

시장＼제품	경쟁제품	신제품	공정관리	품질관리	생산＼연구개발
기존시장	• 신제품 개발계획	• 제품다각화 계획	• 생산원가 관리계획	• 품질표준화 계획	• 공정기술
신시장	• 시장침투 계획	• 시장 및 제품차별화 계획	• 제품생산성 관리계획	• 품질고급화 전략	• 신기술

[사업기간별 계획]

장기 계획	• 5년 이상을 기본계획기간으로 설정 • 사업구조 변화, 사업규모 변화, 실행전략 내용이 구성됨
중기 계획	• 통상 3년에서 5년까지를 계획기간으로 설정 • 장기계획 실행방법, 변화와 혁신관리체제, 경영자원의 조달, 경영목표 선정과 경영방침계획이 수립됨
단기 계획	• 연간 사업계획 또는 2년 이내 기간의 사업계획 • 실행목표와 운영방법, 성과과제들이 구체적으로 명시됨

3.2 경영계획 수립

가. 경영계획 수립 체계

□ 경영계획은 목적과 과제에 따라 기본구조, 사업구조, 제품구조, 내용의 실행, 변화관리계획을 수립함

- 기본구조계획은 기업의 운영제도와 관리시스템 개선 및 효율화를 위해 수립되며 조직과 인력, 제도와 규정, 경영이념과 비전, 기업문화 개선 및 효율화 방안을 설정함
- 사업구조계획은 사업 분야와 사업규모, 사업방법의 변화조정을 위해 신사업 투자, 사업별 통합과 규모 축소, 특정 사업분야 매각과 폐쇄 또는 확장투자계획을 수립함
- 제품구조계획은 제품성장성과 시장경쟁력 향상을 위해 제품특성과 기능차별화, 고급화, 전문화, 보편화 계획과 경쟁시장에서 제품철수를 위한 제품폐기계획을 수립함

[계획수립 체계]

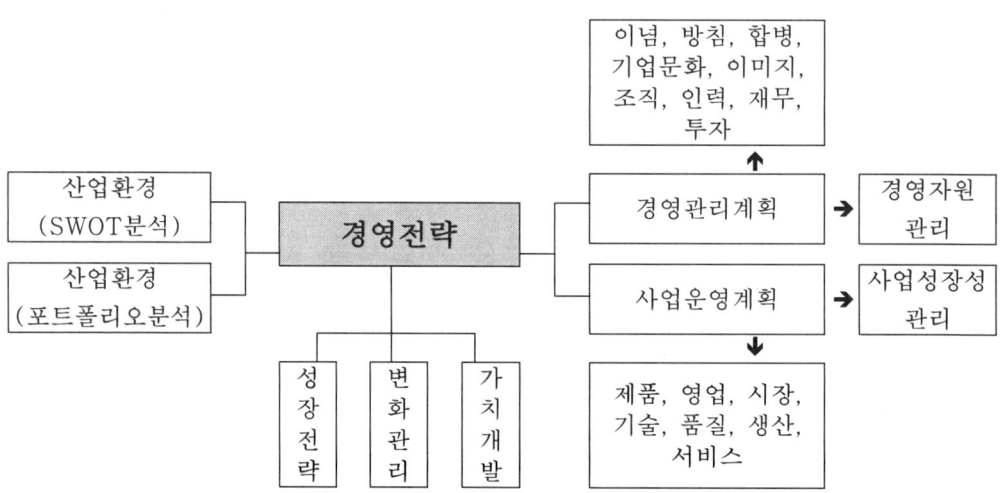

[계획관리 시스템]

경영전략	전략과제	현재나 미래의 환경이 위협과 기회를 결정	기업내부 역량 강·약점 결정	계획 대체안 고려	경영목표 선택	사업계획 수립	실행방법 결정	전담조직 결정	성과평가
		①	②	③	④	⑤	⑥	⑦	

(위 표의 ①~⑦ 아래 설명)

① 환경분석, 경제, 정책, 법적 규제, 시장, 경쟁자, 기술, 지리적 요소, 사회적 요소와 변화 영향요인 분석
② 기업자산의 배분 강·약점의 요인과 우선순위 검토
③ 계획 적정성과 우선순위 관리
④ 계획과 목표의 조화와 균형관리
⑤ 계획실행의 체계화와 효율성 향상
⑥ 조직역량 강화관리
⑦ 계획의 목표달성과 역할전문화

나. 내·외부 환경분석

□ 내·외부 환경의 위협과 기회요인을 분석하고 기업내부의 강·약점을 결정하여 문제점 개선과 기회요인을 활용하는 사업모델을 개발하고 사업성장성을 촉진시킴

- 환경분석은 기업에 위협과 기회를 가져오는 경제적 요인, 정책과 법적요인, 경쟁관계, 시장성장성, 사회적 환경을 검토함
- 분석과제는 하나의 현상과 원인에 대한 기회와 위협요인을 검토하고 전사적, 부분적으로 분석하여 문제요인들과 연관성을 발견하여 개선방안을 탐색함
- 전략적 강·약점을 분석하여 기업의 재무·회계, 판매·유통, 생산·인사·노무와 기업자원의 운영방안과 및 배분관리 기준을 결정함

IV. 핵심직무 실무능력개발

- 특정 환경에서 가장 효율적으로 기회를 활용하고 위협에 대처하는 관리모델을 개발함
- 기업목적을 가장 효율적으로 달성할 수 있는 계획구성과 사업추진 우선순위 및 성과관리 방법을 설정함

[환경 분석 과제]

기업환경 분석	영향요인 분석
• 경제적 환경 • 정책방향 • 법규 규제 • 시장경쟁 공급자 • 기술적 환경 • 사회적 환경	• 환경에 연관하여 현재 기업에서 사용하는 역량을 명확히 함 • 현재의 환경이 미래에 어떤 환경으로 변화될 것인가를 예측 • 미래 기업 가치를 정의 • 미래의 기업가치 실현 방법 설정 • 기업의 현재와 미래 환경 차이점 평가 • 미래 환경관리 기업역량 과제개발

다. 계획목표관리

□ 계획목표란 기업 또는 부서에서 달성하고자 하는 목표를 실정하고 그 목적을 달성하고자 구체적인 계획을 수립하고 계획내용을 관리하는 것을 말함

- 미래환경에 생존하기 위한 사업성장 기반조성과 영업이익률 향상, 경영이념 실현을 위한 사회적 책임관리와 고객가치의 창조, 전사적인 사업성과 향상을 위한 조직역량 강화를 추진함

□ 목표 추진과제

○ 성장성	○ 수익성	○ 생산성
○ 기업가치	○ 조직역량	○ 고객만족
○ 경영혁신	○ 기술전문화	○ 제품경쟁력
○ 기업이미지	○ 기업문화	○ 사회공헌
○ 글로벌화	○ 시장개발	○ 제품개발
○ 조직몰입	○ 업무성과	○ 업무만족

□ 목표관리 영향요인
- 기업목적을 가장 효율적으로 달성할 수 있는 성과관리 방법
- 계획내용 달성을 지원하는 조직풍토와 사업부문별 역할
- 전사 경영계획과 부문별 경영계획의 연계성 및 역할의 차이
- 중장기 경영계획 간의 조화, 과거와 현재 기업 경영관리 실태
- 경영자의 외부환경 변화인식, 글로벌화 추진 전략

3.3 계획실행 성과평가

□ 경영계획과 경영목표 달성수준을 평가하여 계획실행의 효율성을 측정함
- 계획실행력 평가과제는 사업관리 동기부여, 사업관리 프로세스와 시스템 효율성, 계획내용의 적정성, 계획내용 성과수준을 평가함

□ 계획실행 영향요인 평가
- 계획내용과 실행 방법의 일관성
- 내·외부 환경영향요인 예측의 적중성

Ⅳ. 핵심직무 실무능력개발

- 경영자원 투입과 배분의 적정성
- 위험요인 예측과 변화관리방법 적정성
- 계획목표와 사업추진기간 적정성
- 계획의 달성가능성과 실행효과 수준
- 계획의 실행 문제점 발생과 개선가능성
- 위험요인 예방과 문제요인 회피 및 경감방법

Ⅳ. 핵심직무 실무능력개발

[사업계획 운영관리]

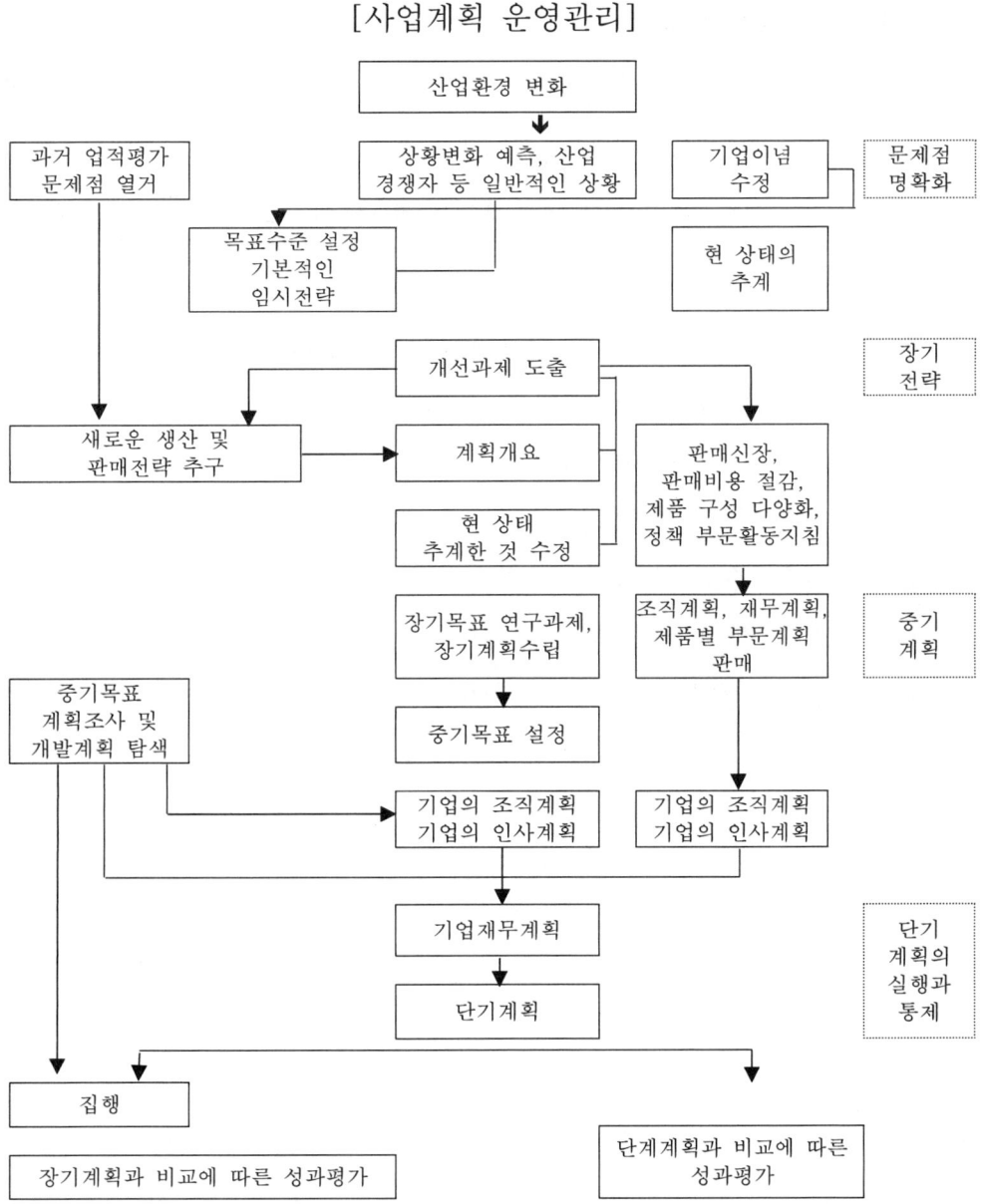

Ⅳ. 핵심직무 실무능력개발

3.4 실무능력 점검과제

□ 경영계획 직무에 대한 실무적인 역량은 경영전략과 경영계획의 차이성 및 연계성, 경영계획의 체계, 경영계획과제, 경영계획의 종류, 경영계획 관리시스템, 경영계획 실행효과와 영향요인에 대한 이해가 필요함

- 경영전략과 경영계획 수립과제의 상호 연계성
- 사업목적별 경영계획 과제와 계획의 종류
- 경영계획 체계와 사업관리 시스템
- 경영계획 수립 영향요인 분석 및 평가과제
- 경영계획 목표 및 추진과제와 영향요인
- 경영계획 실행 및 성과관리 방안
- 경영전략, 경영목표, 경영계획의 특징과 핵심관리과제

4. 사업개발 직무

4.1 사업계획 수립

가. 사업계획 방향

- □ 사업계획서는 경영전략과 경영계획 및 경영목적에 따라 수립되며 창업, 신사업 개발, 인수합병, 사업투자(확장), 사업통합, 사업전환, 사업폐업계획서로 구분할 수 있음
  - 사업계획서 작성은 기업의 핵심역량 과제로서 산업환경 분석, 제품특성 설정과 기능분석, 생산기술과 생산능력 평가, 시장성장성과 시장수요예측, 시장경쟁력과 판매능력 평가, 적정 투자규모와 자금조달계획, 인력수급계획, 투자가치 분석내용이 설정됨
- □ 사업계획서 작성 고려사항
  - 사업계획내용의 객관성과 설득데이터의 간단명료성
  - 영향요인의 논리적 구성과 상황별 탄력성
  - 미래 환경예측, 신뢰성과 미래가치 잠재력 평가
  - 잠재된 문제점 표출과 계획내용의 보편적 표현
  - 소요자금 조달 및 운전자금 관리방법 설정
  - 인력운영과 경영자원 관리시스템 구축

나. 사업계획서 구성

- □ 사업계획서는 현재의 현황분석과 미래 사업변화 모델을 예측하여 목표과제의 실행방법을 설정함
  - 사업계획 분야와 계획내용에 따라 구성되며 사업계획 모델에

따라 사업관리역할이 설정됨

[사업계획 수립체계]

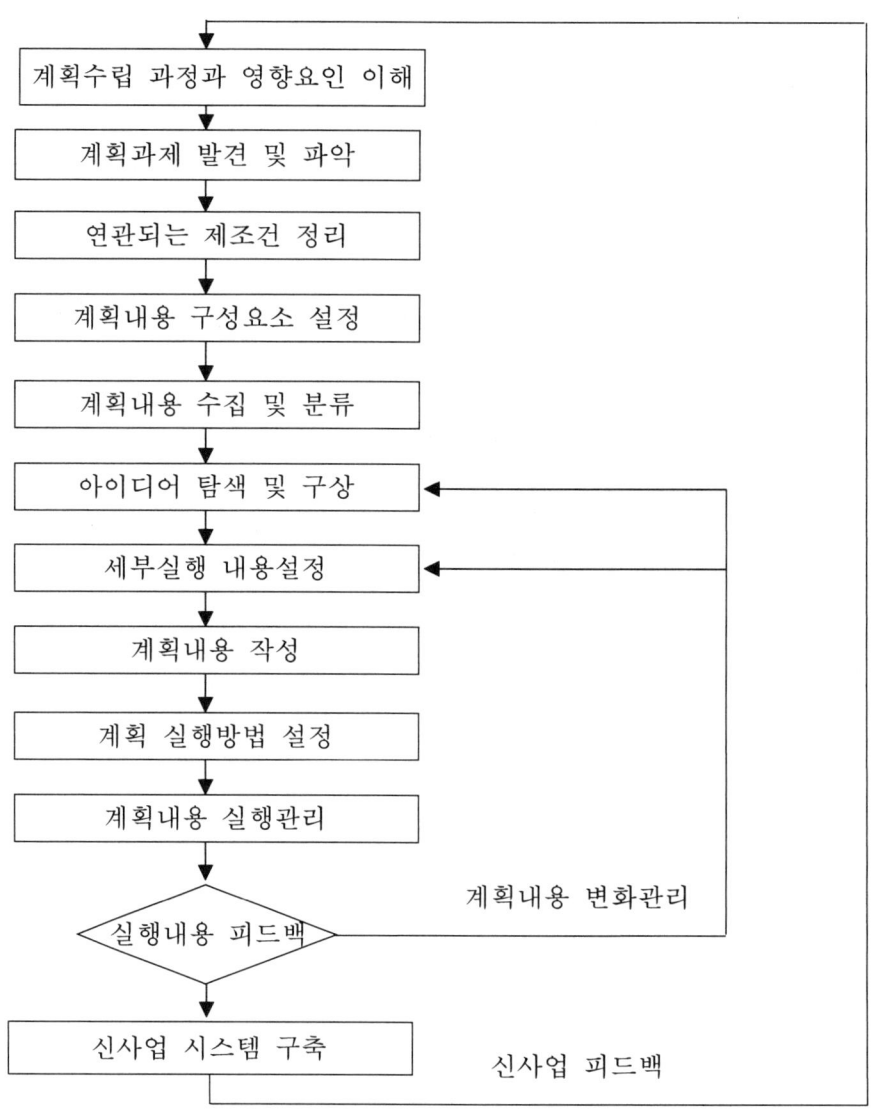

[신사업개발 계획서 구성(목차)]

1. 일반현황
   - 가. 창업자(대표자) 현황
   - 나. 기업의 일반현황
2. 계획사업의 개요
   - 가. 개발동기
   - 나. 사업내용
   - 다. 생산제품의 특성
   - 라. 기대효과
3. 시장현황
   - 가. 동종업계 현황
   - 나. 시장의 규모와 현황
   - 다. 시장점유율과 경쟁관계
   - 라. 계획제품의 침투가능성
4. 판매계획
   - 가. 판매전략 및 판매형태
   - 나. 가격정책
   - 다. A/S 계획
   - 라. 국내 판매계획
   - 마. 수출계획
5. 생산계획
   - 가. 제조공정도
   - 나. 자체생산계획
   - 다. 외주생산계획
6. 설비투자계획
   - 가. 적정규모의 제조설비 및 검사설비 내역
   - 나. 구입처, 수량, 가격
7. 인원 및 조직계획
   - 가. 업무흐름별 조직체계도
   - 나. 직무별·직위별 소요인원
8. 원·부자재 조달계획
   - 가. 국내 조달계획
   - 나. 수입자재 조달계획
9. 재무계획
   - 가. 추정손익계산서
   - 나. 추정대차대조표
   - 다. 현금 흐름표
   - 라. 손익분기점 분석
10. 자금계획
    - 가. 총 소요자금 내역
    - 나. 조달계획 또는 차입계획
    - 다. 차입금 상환내역
11. 사업추진 일정계획
12. 부속재료
    - 가. 인건비 명세서
    - 나. 감가상각비 명세서
    - 다. 제조원가 이력서
    - 라. 경영진 이력서
    - 마. 제품설명서
    - 바. 특허권 사본
    - 사. 제공가능 담보물내용
    - 아. 설비구입 견적서

Ⅳ. 핵심직무 실무능력개발

[신기술 개발 계획서 구성(목차)]

1. **기술개발의 필요성**
   - 1-1. 개발대상 기술·제품의 개요
   - 1-2. 개발대상 기술·제품의 중요성 및 파급효과

2. **기술개발 영향요인**
   - 2-1. 국내외 기술현황
   - 2-2. 국내외 시장현황
   - 2-3. 국내외 경쟁기관 현황
   - 2-4. 국내외 지식재산권 현황
   - 2-5. 국내외 표준화 현황

3. **기술개발과제와 목표**
   - 3-1. 기술개발과제
   - 3-2. 연차별 개발목표 및 개발내용

4. **기술개발계획**
   - 4-1. 기술개발 추진방법 및 전략
   - 4-2. 기술개발 추진체계
   - 4-3. 기술개발팀 편성도
   - 4-4. 위탁연구 및 외부용역 과제현황
   - 4-5. 추진일정

5. **기술개발 조직**
   - 5-1. 총괄책임자
   - 5-2. 참여연구원 현황
   - 5-3. 연구시설·연구 장비 보유현황 및 연구실 안전조치 이행계획
   - 5-4. 기관(기업)정보 현황

6. **개발기술 사업화**
   - 6-1. 생산계획
   - 6-2. 투자계획
   - 6-3. 사업화 전략

7. **사업 자금계획**
   - 7-1. 연차별 총괄
   - 7-2. 자금조달계획
   - 7-3. 자금운영 획

4.2 사업타당성 분석

가. 사업성 분석

□ 사업개발 아이디어에 대한 사업가능성과 성장잠재력을 분석하여 제품개발 방향설정, 시장수요 창출, 영업이익 창출과 성장성 관리, 사업운영 프로세스 구축방향을 설정함

- 계획사업의 종류와 업종, 투자지역별 특성에 따라 분석 항목에 차이가 있으나 시장환경, 제품특성, 경쟁환경, 자원환경, 영업환경, 재무환경의 영향을 받음

□ 사업성 분석과제

○ 산업성장 패러다임	○ 시장성장 잠재력
○ 제품 수요예측	○ 경쟁제품 특성
○ 시장규모	○ 제품생산능력
○ 제품경쟁력	○ 생산원가 및 영업이익, 투자이용

□ 시장환경 분석

- 제품수요, 라이프사이클, 소비행동 패턴, 시장구조
- 시장점유율, 시장성장성, 시장성장 잠재력
- 시장경쟁력, 경쟁기업 경쟁능력(제품, 시장, 생산, 영업)

□ 제품특성 분석

- 제품종류와 용도, 형상과 기능, 제품품질, 제품이미지
- 제품 브랜드파워, 영업비용, 제품수익률, 제품개발능력
- 제품 포트폴리오

□ 생산기술 역량분석

- 제품생산 기술수준, 기술개발능력, 신제품개발능력

- 공정기술개발, 품질표준관리
□ 영업역량 분석
- 판매방법, 판매경로, 물류시스템, 유통경로
- 제품 홍보관리, 고객만족 서비스
□ 재무환경 분석
- 자금조달능력, 수익성, 안전성, 성장성
- 운전자금 회전율, 손익분기점

나. 시장수요 예측

□ 신사업 또는 신제품에 의한 시장성장성과 잠재수요를 예측하여 사업예산편성, 생산능력계획, 설비투자계획, 목표시장관리, 시장개발계획, 인력계획, 원·부자재 조달계획, 물류시스템 계획을 수립함
- 시장수요는 관리대상별로 추세변동, 순환변동, 불규칙 변동을 분석함

□ 시장수요 관리
- 지역별 수요, 고객별 수요, 제품별 수요
- 계절별 수요, 시장별 수요, 유통채널별 수요

4.3 생산능력 분석

가. 생산기술 분석

□ 신제품 생산을 위한 기술개발능력과 생산설비 투자 및 배치능력을 분석하여 제품생산성 향상과 생산원가를 절감하고 제품경쟁력을 관리함

□ 기술분석 과제
- 개발기술의 신규성과 독창성
- 신기술의 유용성과 활용성
- 원천기술 개발과 대체기술 개발
- 보유기술의 기술변화 사이클
- 기술적 우위성과 기술적용 제품경쟁력 향상성

나. 생산능력 분석

□ 시장수요와 시장성장성을 예측하여 생산규모와 생산능력을 결정하고 설비투자계획을 수립함

□ 생산능력 관리
- 생산계획량과 설비투자 규모설정
- 수요변동에 따른 생산설비 가동률 관리
- 계획생산 및 주문생산 방법별 적정재고량 관리
- 제품생산성과 생산설비능력 관리
- 생산방법별 제품품질수준 관리
- 생산공정 시스템별 생산원가 관리

다. 생산입지 영향요인 분석

□ 생산입지는 원·부자재 조달과 노동인력 확보 및 제품물류 비용증감에 영향을 미치므로 입지선정이 중요함

□ 입지선정 검토항목
- 산업기반시설(도로망, 전력, 용수) 구축 수준
- 원·부자재 조달 및 인력수급 용이성
- 제품생산, 생산설비 배치규제 및 통제 지역
- 공장부지 구입과 건축물 신축비용 증감 및 변동요인
- 제품물류관리 비용증감 요인
- 생산기술 교류 및 하청생산 업체선정 관리

4.4 재무분석

□ 재무분석은 신규 사업 투자규모의 적정성과 소요자금 조달방법, 투자사업 손익분기점 분석과 영업이익률을 추정하여 계획사업의 경제적 타당성과 투자가치를 평가하고 사업운영 모델을 설정함

□ 재무분석 과제
- 현금투자와 현물투자 및 장·단기 투자액 예측
- 운전자금 유동성과 투자자금 회수기간 관리
- 대체투자, 확장투자, 신규투자 방법별 투자규모와 투자효과 및 기대수익성 분석
- 건물과 설비 등의 고정자산 투자와 운전자금 등의 유동자산 투자비율 및 투자규모 관리

가. 손익계산서 작성

□ 사업관리를 위한 운영자금의 유출과 유입액(수입)의 편차를 계정과목별로 구분 작성하여 경영수지 현황을 표기

- 수입계정은 제품판매 금액과 부수적인 서비스 수행으로 발생되는 수입액을 표기함
- 비용계정은 제조직접비에 생산원가인 원재료비, 노무비, 제조경비가 포함되고 제조간접비에 제품개발비, 품질관리비, 생산관리자 급여 등이 포함됨
- 비용계정의 판매비 및 일반관리비는 유통관리, 물류비, 제품광고 및 홍보비, 시장관리비, 판매부문 직원 인건비가 포함됨

나. 대차대조표 작성

□ 대차대조표는 운영자산의 변동현황이 표기되는데 자산 및 현금계정과 추정손익계산서와 연계하여 작성함

- 자산계정은 고정자산인 토지, 건물, 기계장치, 사무기기 등과 유동자산인 현금, 예금, 재고자산 등이 해당됨
- 부채계정에는 유동부채인 차입금, 미지급금 등과 고정부채인 장기차입금, 기한부 기업채 등이 포함됨
- 자본금은 설립자본금과 단기순이익을 자본금으로 전환하여 자본금을 증액하는 경우도 있음

IV. 핵심직무 실무능력개발

[추정요약 손익계산서]

(단위: 원,%)

년도 과목	年 月 日 부터 年 月 日 까지		年 月 日 부터 年 月 日 까지		年 月 日 부터 年 月 日 까지	
	금액	구성비	금액	구성비	금액	구성비
매출액						
매출원가						
매출총이익						
판매비와 일반관리비						
영업이익						
영업외수익(금융수익)						
영업외비용(금융비용)						
경상이익						
특별손익						
법인세 차감전순이익						
법인세 등						
당기순이익						

[추정요약 대차대조표]

(단위: 원, %)

년도 과목	年 月 日 부터 年 月 日 까지		年 月 日 부터 年 月 日 까지		年 月 日 부터 年 月 日 까지	
	금액	구성비	금액	구성비	금액	구성비
유동자산						
당좌자산(매출채권)						
재고자산						
기타						
투자와기타자산						
고정자산(유형고정자산)						
이연자산						
자산총계						
유동부채(매입채권)						
(단기차입금)(기타)						
고정부채(기업채)						
(장기차입금)						
(기타)						
자본금						
잉여금						
(당기순이익)						
부채와 자본총계						

5. 제도와 규정관리 직무

5.1 규정관리 대상

- □ 제도와 규정에는 정관, 사규, 취업규칙이 해당되며 정관은 기업의 최상위 규정으로 설립조건, 기업형태, 사업분야와 사업범위, 경영진 및 이사회 구성, 사업소재지 등이 구성됨
    - 사규는 기업의 업무규칙으로 조직구성과 직무편재, 업무수행 체계와 업무처리 방법 등이 제정되어 있음
    - 취업규칙은 조직원의 권리와 의무에 관한 규정으로 근로기준법을 준용하여 구성하거나 단체협약에 의해 개정방향이 설정됨
- □ 제도와 규정(규칙, 기준)은 세칙 및 요령으로 구분되며 앞의 순서에 따라 우선순위를 가짐
- □ 주요 규정은 이사회규정, 직제규정, 인사규정, 보수규정, 취업규칙 등이 있으며 제·개정·폐지는 이사회 의결사항임
- □ 그 외의 사업부문별 업무실행 규정은 사장에게 권한이 위임되어 있음
- □ 법령 및 상위 사규의 개정에 따른 부서명칭 및 자구수정은 사규관리규정에 의해 사규관리 부서장이 개정함

Ⅳ. 핵심직무 실무능력개발

5.2 규정관리 절차

[규정관리 절차]

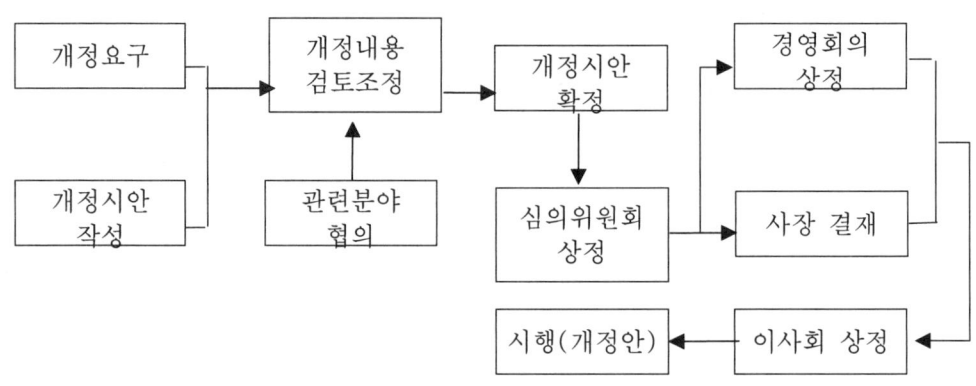

[규정개정 체계]

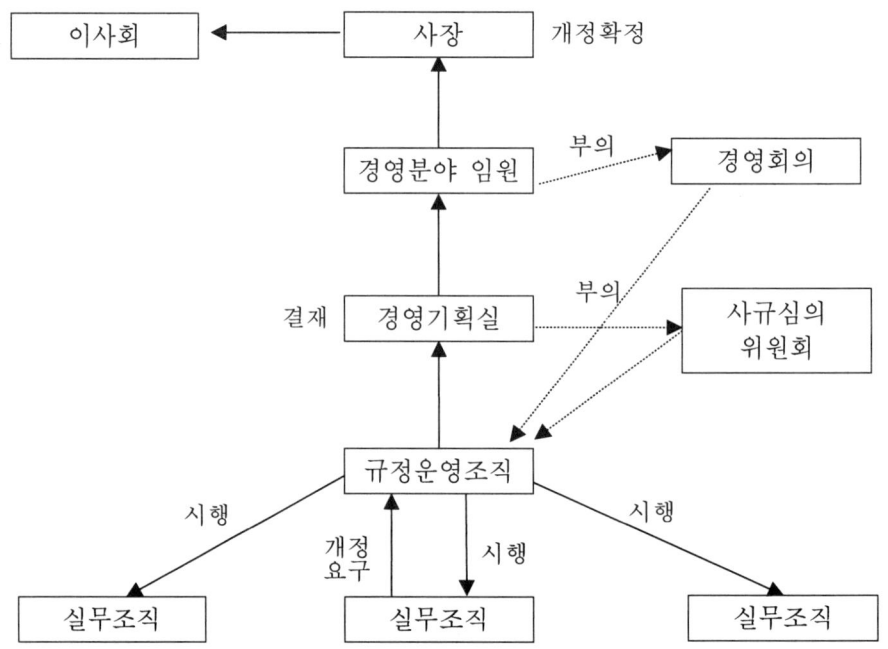

5.3 사규규정 형식

□ 구성요소

- 사규는 다음 요소가 구비되어야 함
  - 총칙에 관한사항
  - 본칙에 관한사항
  - 부칙에 관한사항

□ 형식 및 내용

- 사규내용은 한글과 아라비아 숫자를 사용하되 필요한 때에는 다른 문자나 기호를 괄호 하여 사용함
- 내용은 개조형식으로 간명하게 하여야 하며 미사여구는 생략함
- 내용은 편·장·절·조·항·호로 구분하되, 조 이외의 항목은 필요에 따라 설정함
- 기재방식 예시

  제 ○조(조문제목)

  ① 이 규정은 _____말한다.

  ② ○○은 _____ 다음과 같다.

     1. _____

       가. _____

       나. _____

       다. _____

- 서식 및 별표는 부칙다음에 기재함
- 조문에는 반드시 명칭을 붙임
- 부칙이 5개항 이내인 경우에는 "항"으로 표시하고 이를 초과한

경우에는 "조"로 표시함

- 법령 및 상위사규와 저촉되는 사항

- 사규의 체제 및 형식의 타당성

- 본 규정 사항과 세칙규정 내용 구분

☐ 사규개정 시행문 작성

- 사규개정 시행은 개정의 최종단계로서 개정결과를 대외에 공지함
- 시행문의 작성은 개정 의결된 사규의 신구대비표와 개정(안)을 근거로 작성함

☐ 사규의 유권해석

- 사규의 해석에는 문리적 현상·확대·유추해석 등의 방법이 있으나 문리적 현상을 원칙으로 하며, 유권해석을 할 때에는 특히 법령이나 상위규정에 위배되지 않도록 주의해야 함
- 유권해석은 사규관리 부서에서 사규심의위원회에 부의하여 심의함

5.4 실무능력 점검관리

☐ 규정관리 직무에 대한 실무역량은 아래내용의 이해가 필요함

- 관리규정의 종류와 개념에 대한 이해
- 제·개정 절차와 방법
- 상위규정과 하위규정의 관계
- 노사협약 규정과 비협약 규정 종류 및 관리방법

6. 학습내용 평가

□ 비전관리 직무

문1. 기업 비전에 대한 개념이 잘못 표현된 내용은 무엇입니까?
　　① 기업의 존재적 가치실현 방향과 미래의 존립기반
　　② 기업 운영기능의 통합된 개념
　　③ 경영전략과 경영목표 실행방향
　　④ 전사적으로 공유된 사업추진 방향
　　⑤ 경영성과 관리와 사회적 이미지 구축

문2. 일반적인 관점에서 기업의 비전관리 체계(순서)가 올바르게 구성되어 있는 항목은 무엇입니까?
　　① 비전>공유가치>핵심역량　　② 비전>핵심역량>공유가치
　　③ 공유가치>비전>핵심역량　　④ 공유가치>핵심역량>비전
　　⑤ 핵심역량>공유가치>비전

문3. 일반적으로 기업 비전을 조직원에게 공유시키는 방법으로 적절하지 못한 내용은 무엇입니까?
　　① 조직원 워크숍　　② 전략 실행력 강화교육
　　③ 기업문화의 사회적 이미지 확산　　④ 공유가치의 실행력 강화
　　⑤ 핵심역량관리 시스템 구축

□ 경영전략 직무

문4. 경영전략 개념을 적절하게 표현한 내용은 무엇입니까?
　　① 기업의 성장잠재력 실행과제
　　② 경영목표의 단계별 실행과제
　　③ 사업관리 방법을 시스템적으로 구축한 내용
　　④ 기업성장성 관리와 지속가능경영 실행과제
　　⑤ 사업추진 방법과 성과과제

문5. 경영전략을 수립하거나 실행하는데 미치는 영향요인이 아닌 것은 무엇입니까?
　　① 중장기 산업 환경　　② 사업성장 모델
　　③ 이해관계자 공유가치　　④ 미래 산업 가치관리
　　⑤ 경영방침과 목표관리 과제

Ⅳ. 핵심직무 실무능력개발

문6. 경영전략 과제도출에 필요한 검토과제가 아닌 것은 무엇입니까?
  ① 산업환경 분석   ② 사업역량 평가
  ③ 시장경쟁력 분석   ④ 경영자원 분석
  ⑤ 성과연봉 분석

문7. 전략계획에서 추진하는 목표관리 내용이 아닌 것은 무엇입니까?
  ① 사업구조계획   ② 제품구조계획
  ③ 사업분야 계획   ④ 고객관리계획
  ⑤ 경영자원 개발계획

□ 경영계획 직무
문8. 일반적으로 경영계획에서 지향하는 과제가 아닌 것은 무엇입니까?
  ① 사업관리 효율화와 성과관리 시스템 구축
  ② 사업성과 분석과 성과보상 관리
  ③ 조직역량 전문화와 재무안정성 관리
  ④ 이해관계자 만족도와 정보 네트워킹 관리
  ⑤ 사업구조 분석과 신사업 개발 모델 설정

문9. 경영계획을 잘못 설명한 내용은 무엇입니까?
  ① 전사계획은 사업부단위 계획을 통합한 최종적이고 최상위적인 계획내용
  ② 사업부계획은 전사계획을 기초로 사업부문별로 실행과제에 대한 계획내용
  ③ 개발계획은 사업부계획의 실행과제에 대한 실행방법 계획내용
  ④ 경영계획은 단기계획만 수립되어 실행됨
  ⑤ 단기계획에는 경영계획의 실행목표와 실행방법, 성과과제들이 구체적으로 명시됨

문10. 일반적인 관점에서 경영계획 수립에 필요한 검토과제가 아닌 내용은 무엇입니까?
  ① 산업환경과 경제·정책·시장·경쟁자 환경
  ② 경영전략과 경영목표 및 내부역량의 강·약점
  ③ 사업수행 인력 재배치 관리
  ④ 경영자원과 사업성장성 과제
  ⑤ 사업추진 우선순위와 실행방법

Ⅳ. 핵심직무 실무능력개발

문11. 일반적으로 경영계획 수립에 필요한 기업환경 분석과제가 아닌 내용은 무엇입니까?
① 경제적 환경분석　　② 정책방향과 법적 규제분석
③ 기술적 환경분석　　④ 사회적 환경 분석
⑤ 매출이익 분석

□ 사업개발 직무

문12. 사업개발계획 체계(순서)가 올바르게 구성된 내용은 무엇입니까?
① 사업영향요인 조사>사업내용 구성>사업방법 설정>사업결과 분석
② 사업내용 구성>사업영향요인 조사> 사업방법 설정>사업결과 분석
③ 사업내용 구성>사업방법 설정>사업영향요인 조사>사업결과 분석
④ 사업영향요인 조사>사업방법 설정>사업내용 구성>사업결과 분석
⑤ 사업방법 설정>사업내용 구성>사업결과 분석>사업영향요인 조사

문13. 사업계획서 작성과정에 검토되지 않는 내용은 무엇입니까?
① 계획내용의 객관성　　② 환경예측 신뢰성
③ 경영자원 활용성　　　④ 재무적 안정성
⑤ 사회적 책임관리

문14. 아래 보기에 제시된 사업계획서 수립 검토내용에서 시장환경 분석과정에 중점적으로 활용되는 내용을 2개 고르시오. (,)

문15. 아래 보기에 제시된 사업계획서 수립 검토내용에서 제품개발 과정에 중점적으로 활용되는 내용을 2개 고르시오. (,)

문16. 아래 보기에 제시된 사업계획서 수립 검토내용에서 영업시장개발 과정에 중점적으로 활용되는 내용을 2개 고르시오. (,)

문17. 아래 보기에 제시된 사업계획서 수립 검토내용에서 운영자금 조달 과정에 중점적으로 활용되는 내용을 2개 고르시오. (,)

```
보기 :
  ① 산업환경 분석    ② 제품특성 설정    ③ 생산기술 분석
  ④ 생산능력 평가    ⑤ 시장 성장성 분석  ⑥ 시장경쟁력 분석
  ⑦ 영업능력 분석    ⑧ 투자규모 분석    ⑨ 재무계획수립
  ⑩ 투자가치 분석    ⑪ 인적자원계획      ⑫ 이해관계자 분석
```

Ⅳ. 핵심직무 실무능력개발

문18. 아래 보기에 제시된 내용에서 신사업 개발 계획서 목차에 구성되는 내용을 2개 선택하시오.

18-1. 사업의 개요(,) 18-2. 시장현황(,)
18-3. 판매계획(,) 18-4. 생산계획(,)
18-5. 설비투자계획(,) 18-6. 인원·조직계획(,)
18-7. 원재료 조달계획(,) 18-8. 재무계획(,)
18-9. 자금계획(,) 18-10. 일정계획(,)

보기:
① 사업추진 로드맵   ② 월·분기 실행계획   ③ 총 소요자금
④ 자금조달·차입 계획 ⑤ 손익계산 및 대차대조표
⑥ 현금흐름표   ⑦ 조달계획   ⑧ 적정 재고량 관리
⑨ 조직체계도   ⑩ 소요인원계획   ⑪ 생산설비계획
⑫ 공정능력계획   ⑬ 생산공정도   ⑭ 제품생산계획
⑮ 가격정책   ⑯ 판매 및 수출계획   ⑰ 시장점유율 분석
⑱ 시장 성장잠재력 분석 ⑲ 사업개발 동기   ⑳ 사업내용

문19. 신사업 개발을 위한 사업타당성 분석과제가 아닌 내용은 무엇입니까?
① 산업성장 패러다임   ② 고객만족도
③ 제품 잠재수요 예측   ④ 제품생산능력
⑤ 시장성장 잠재력

문20. 신사업 개발을 위한 제품특성 분석과제가 아닌 내용은 무엇입니까?
① 제품용도와 기능   ② 제품이미지와 브랜드
③ 제품개발능력   ④ 제품라이프 싸이클
⑤ 시장성장 잠재력

문21. 신사업 개발을 위한 생산능력 분석과제가 아닌 내용은 무엇입니까?
① 설비투자 규모   ② 생산설비 능력
③ 외주업체 생산기술   ④ 생산 공정시스템
⑤ 제품품지 수준

문22. 신사업 개발 과정에 검토되는 재무분석 과제가 아닌 내용은 무엇입니까?
① 장·단기 투자액   ② 운전자금 유동성
③ 투자 기대수익성   ④ 매출이익률   ⑤ 유동자산 투자비율 관리

□ 제도와 규정관리 직무

문23. 제도와 규정에 대한 내용이 적절하지 않는 무엇입니까?
① 기업 정관은 최상위 규정이고 사규는 업무규칙임
② 정관에는 설립취지, 기업형태, 사업분야와 범위, 경영진 및 이사회 구성, 사업소재지가 명시됨
③ 사규에는 업무규칙, 조직, 직무, 업무방법 등이 구성됨
④ 정관과 사규내용은 독립적으로 구성됨
⑤ 규정은 일반적으로 규칙(기준), 세칙, 요령으로 구분됨

문24. 기업 사규에 대한 설명이 적절하지 않는 내용은 무엇입니까?
① 사규개정은 사규 심의위원회 의결을 거쳐야 함
② 사규내용은 서론, 본론, 결론 체계로 표기됨
③ 사규는 총칙과 본칙, 부칙으로 구성됨
④ 사규는 개조형식으로 간단명료하게 표기 됨
⑤ 사규에 구성되는 서식과 별표는 부칙다음에 기재함

Ⅴ. 조직행동과 직무적성관리

1. 조직행동관리

1.1 직무적응력 관리

□ 직무적응력은 조직의 업무역할에 순응하면서 조직 또는 담당직무가 추구하는 목표실행과 성과달성에 기여하는 수준임

- 사회조직에 편재된 모든 직무는 요구되는 목표와 기대하는 성과수준이 있으며 조직원은 이를 실현하는데 요구되는 최적의 역할을 수행함
- 직무적응력은 직무별로 추구되는 목표와 성과실행 방법에 따라 차이가 있으므로 직무분야별로 적응력이 관리됨

가. 직무적응력 개발

□ 표준직무 및 핵심역량 이해

□ 표준직무 수행요건과 직무목표 및 직무성과 예측

□ 직무목표와 성과달성에 요구되는 지식·방법 이해

□ 취업희망 기업문화 또는 조직문화의 이해

□ 직무지식과 연관분야 직무경험과 응용능력 보유

V. 조직행동과 직무적성관리

나. 직무적응력 향상과제

- □ 전략적사고와 경영분석 능력을 갖추고 객관적 사실에 대한 현황 분석과 문제점 탐색 및 역할평가
- □ 시장 및 경쟁환경에 대한 방침수립과 전략 실행력 개발
- □ 새로운 현상에 대한 대안탐색과 독창적인 기획능력 보유
- □ 진취적이고 혁신적인 업무추진력과 리더십으로 신속한 의사결정 실행

다. 계층별 직무적응력

- □ 리더자 계층
    - 국내외 산업환경 평가 및 경제지표 분석능력, 기업에 편재된 직무분석 능력, 경영정책 및 경영현황 분석능력 전문화

구분	직무적응력
담당역할	• 경영방침 수립, 경영목표 설정, 업무프로세스 구축
업무행동	• 객관성, 조정력, 분석력, 문제해결력
직무적응력	• 정책 및 전략개발, 경영혁신관리, 경영정보 분석 및 평가, 목표관리능력, 문제점 개선관리, 변화관리

- □ 중간관리 계층
    - 수리능력과 가치공학능력, 광고 및 홍보전략능력, 문제점 탐색과 분석능력, 위기관리능력 개발

구분	직무적응력
담당역할	• 경제동향과 기업실적 예측, 경영혁신관리, 광고기획역할
업무행동	• 탐색력, 커뮤니케이션, 추진력, 설득력, 대응력
직무적응력	• 목표추진력, 산업 정보분석력

□ 실무자 계층(신입사원)

- 경영분석능력, 프레젠테이션 능력, 회계 및 재무지식, 예산편성 및 통제능력, 목표관리능력, 업무조정능력, 문제해결능력 이해

구분	직무적응력
업무행동	• 분석력, 논리력, 설득력, 수리능력, 추진력
직무적응력	• 사업분야별 시장정보조사, 포지션 설정, 재무안정성 관리

라. 핵심직무 적응력 관리

구분	적응력 관리
기업환경 분석	• 산업환경과 산업 및 상품 라이프사이클 분석, 중장기 경영전략 분석, 기업성장 잠재력 분석, 국내외 시장 경쟁력 분석, 투자재원 분석, 제품별 포트폴리오 분석
조직역량 분석	• 의사결정자의 경영역량과 의사결정능력 분석, 관리자 계층의 전략실행력 분석, 인적자원관리 역량분석

V. 조직행동과 직무적성관리

구분	적응력 관리
사업가치 분석	• 경영목표의 전략적 가치, 경영목표 과제의 포지셔닝 적정성, 업무시스템 및 업무프로세스 적정성, 경영자원의 투입과 산출가치, 시장점유 및 라이프사이클 분석
경영평가 분석	• 비전과 경영전략 실현성, 경영목표의 성과기여도, 경영혁신 및 지속경영 지향성, 경영시스템의 선진화 수준
사업성과 평가	• 경영계획 내용의 충실성과 체계성, 실행역량의 수준, 업무시스템 연계성, 시행과제와 실행방법의 효율성, 투입되는 인적자원 적정성을 평가함

1.2 업무동기관리

□ 업무동기는 조직에서 요구되는 직업의식과 개인별로 추구하는 성과목표의 조화와 부조화 수준에 따라 활성화 수준이 결정되어 업무성과에 영향을 미침

　● 개인별로 할당된 직무를 활성화시키는 역할의 패턴으로서 의욕, 태도, 가치관, 목표성, 추진가치가 내포되어 역할을 견인시킴

□ 경영기획분야 업무동기

```
┌─────────── 직업의식 ───────────┐
│  ○ 직업윤리 의식, 역량전문화, 글로벌 경영관리
│  ○ 비즈니스 마인드, 정보수집 및 분석
│  ○ 변화와 혁신관리
└──────────────────────────────┘

┌─────────── 목적지향성 ──────────┐
│  ○ 성과지향성
│  ○ 가치지향성
│  ○ 능력지향성
└──────────────────────────────┘
```

[직업 의식관리]

구분	관리내용	역할패턴
직업의식	직업윤리 의식	• 기업의 윤리강령과 규칙을 명확히 이해하고 자신에게 주어진 업무에 기업에서 요구하는 윤리적 판단기준을 엄격하게 적용하여 스스로 의사결정을 하고 문제를 해결함 • 같이 일하는 동료의 역할을 존중하며 일의 우선순위와 중요도에 따라 무사 공평하게 처리함
	역량 전문화	• 맡은 업무에 대해 스스로 완결하려는 의지와 책임감을 느끼고 큰 무리 없이 스스로 일을 마무리함 • 자기분야에서 전문가로서 활동하기 위해 스스로 학습기회를 찾아서 발전시킴
	비즈니스 마인드	• 역동적으로 변하는 환경과 조직 전략간의 연계성을 고려하여 자신의 업무성과에 영향을 미치는 환경변수와 성과지표가 무엇인지를 스스로 파악하여 관리함 • 부서 또는 기업이 직면한 사업관련 이슈를 이해하고 그것이 자신의 업무 및 역할에 어떤 영향을 미치는지 인식함
	정보수집 과 분석	• 인적물적 네트워크를 통해 유통되는 정보나 지식이 무엇인지 탐색하고 정보를 정밀하게 분석하는 방법과 추세를 학습함 • 자신의 업무와 관련된 정보에 대해 자신만의 소스를 개발하며 수집된 정보를 회사의 기준과 업무과정 중 학습한 자신만의 노하우를 통해 체계적으로 정리함

V. 조직행동과 직무적성관리

[목적지향성 관리]

구분	관리내용	역할패턴
목적지향성	성과 지향성	• 과업목표와 조직성과 달성을 위한 확고한 신념을 가지고 기업의 미래비전 실현을 위한 실행능력과 책임감을 보유하고 있어야 함 • 조직에 강한 지속력을 가지고 조직발전을 도모하면서 조직성과 관리에 요구되는 신념, 가치관, 업무태도를 활성화 시킴
	가치 지향성	• 자기 성장성을 관리하여 사회적인 기대가치 실현과 조직 역할의 전문화 추진, 조직과의 연대감을 향상시킴 • 조직 중심적인 가치관과 창의적이고 혁신적인 도전의식으로 조직신뢰감을 향상시키면서 담당역할에 충실함
	능력 지향성	• 기업 목표증진과 자기 삶의 미래가치 실현을 위한 능력개발 의욕을 높게 형성하고 지속적으로 자기역량 관리를 실행하는 패턴이 조성되어야 함 • 조직역할을 통한 사회적 이미지 형성과 창의성 개발에 적극적이며 새로운 조직환경에 적극적으로 대응하거나 순응할 수 있어야 함

[업무 행동관리]

구분	관리내용	역할패턴
업무행동	업무 추진력	• 사전에 정해진 일정계획과 우선순위에 따라 자신에게 할당된 업무를 수행하면서 여러 업무과제 간의 우선순위를 판단하여 효과적이고 구체적인 방법으로 업무를 수행함 • 업무추진 중 돌발 상황이 발생할 경우 장애요인에 대한 대비책을 마련하여 기존의 관계와 계획에 따라 적절히 대응하면서 문제를 해결함
	업무 혁신성	• 일상적인 업무수행 과정에서 개선할 수 있는 부분을 찾거나 과거경험을 통해 새롭고 유용한 아이디어를 탐색 및 발견함 • 업무의 부가가치를 높이기 위해 기존의 방식을 개선하며 새로운 방식에 어느 정도의 위험이 따르더라도 좀 더 효과적인 절차나 방법과 기술을 모색함
	업무 리더십	• 전사적 관점에서 업무진행 상황을 점검하고 목표대비 달성 정도를 철저하게 관리하여 기대성과를 창출하고 기업경영에 미치는 중요한 사안에 대해 소신있게 의사결정을 하며 업무 난이도에 따라 업무역할의 우선순위를 관리함 • 중장기적인 조직운영 및 목표달성에 필요한 인적물적 자원을 계획하고 가용 자원을 전사적 차원에서 파악하여 미리 준비하며 조직간 시너지 효과를 고려한 자원 활용 방안을 수립함

2. 직무적성관리

□ 직무적성은 담당직무수행에 특화된 선천적인 업무자질과 습관화된 업무패턴인 업무순응과 새로운 업무적응능력에 대한 통칭적인 개념임
- 직무적성의 영향력인 선천적인 업무자질은 신체적인 특징 및 본능적인 정서와 인지력에 의해 형성되어 사물에 대한 지각과 행동방향성을 결정함
- 습관화된 업무태도는 사회적 학습과정에서 형성되는 가치관과 업무태도(순응력, 수용력)로 나타남
- 따라서 선천적인 업무자질에 순응하면서 습관화된 업무패턴으로 형성되는 가치관과 업무태도를 개발하여 관련분야 직무적성을 활성화 시킬 수 있음

□ 직무적성 관리(학습)항목
- 경영전략 분석 Skill
- 예산기획 및 분석능력
- 재무관리 지식
- 전략적 사고력
- 문제해결 지식
- 통계분석 Skill
- M&A 프로세스 지식
- IT 계획관리 Skill

V. 조직행동과 직무적성관리

□ 직무적성 개발

- 전략적인 사고와 객관적인 사실의 분석능력을 토대로 창의력과 독창성, 기획능력을 보유한 경영자적 Skill을 개발
- 객관적 사실의 상황판단 능력을 토대로 목표과제에 대한 추진력과 탐구력, 조직기능의 통제·조정 능력을 개발
- 기획능력과 창의력, 상황판단 능력이 뛰어나고 업무에 대한 적응력과 책임감, 목표실행력을 개발함
- 경영목표 설정 및 계획내용의 관리능력을 갖추고 현안의 문제해결이 가능한 책임감과 리더십을 개발함

3. 학습내용 평가

문1. 직무적응력이 가장 적절하게 표현된 내용은 무엇입니까?
　　① 업무역할의 순응력과 목표실행력
　　② 업무규정과 제도 이해력
　　③ 편재직무 성과실행력
　　④ 업무경험능력
　　⑤ 업무학습능력

문2. 조직의 리더자 계층에 필요한 직무적응력이 아닌 내용은 무엇입니까?
　　① 정책과 전략개발　　② 경영혁신관리
　　③ 업무수행방법　　　④ 경영정보 분석 및 평가
　　⑤ 변화와 혁신관리

문3. 조직의 중간관리자 계층에 필요한 업무행동이 아닌 내용은 무엇입니까?
　　① 탐색력　　　② 설득력
　　③ 추진력　　　④ 커뮤니케이션
　　⑤ 학습력

문4. 조직의 실무자 계층에 필요한 직무능력이 아니 내용은 무엇입니까?
　　① 업무목표 설정과 성과관리　② 정보조사와 통계분석
　　③ 문제점 탐색과 분석　　　　④ 산업정책 분석·평가
　　⑤ 직무이해와 역량전문화

문5. 일반적인 관점에서 조직의 핵심직무 적응력 관리 내용이 아닌 것은 무엇입니까?
　　① 기업환경 분석　　② 조직원 학습태도 분석
　　③ 조직역량 분석　　④ 사업가치 분석
　　⑤ 사업성과 평가

Ⅴ. 조직행동과 직무적성관리

문6. 일반적인 관점에서 조직의 직업의식에 해당되지 않는 내용은 무엇입니까?
① 직업윤리 의식　　② 업무 성과보상
③ 역량 전문화　　　④ 비즈니스 마인드
⑤ 정보수집과 분석

문7. 일반적인 관점에서 조직목표 지향성에 해당되지 않는 내용은 무엇입니까?
① 성과지향성　　② 가치지향성
③ 능력 지향성　　④ 성장지향성　　⑤ 만족지향성

문8. 일반적인 관점에서 기업을 지속적으로 성장시키는데 필요한 업무 행동관리내용이 아닌 것은 무엇입니까?
① 업무추진력　　② 업무혁신성
③ 업무리더십　　④ 업무만족도
⑤ 업무책임감

문9. 일반적인 관점에서 직무적성의 특성을 잘못 설명한 내용은 무엇입니까?
① 선천적인 업무자질　　② 본능적인 지각능력
③ 습관화된 업무태도와 자세　　④ 논리적인 직무지식
⑤ 사회적 학습내용의 순응·순발력

VI. 학습내용 평가

1. 학습내용 평가관리

□ 직무분야별 학습내용에 대한 이해력 수준과 실무면접 대응능력을 평가하여 교육수료 수준의 결정과 추가학습 방향을 안내함

□ 교육평가 과제
- 핵심업무 내용 이해도
- 조직(팀) 고유직무와 업무목표
- 직무수행방법 업무성과
- 핵심업무 수행에 필요한 전문지식과 실행능력
- 업무시스템별 조직(팀)역할과 업무범위
- 업무 우선순위와 협의 조정역할
- 핵심업무 책임과 권한

□ 교육내용 평가방법
- 교육내용 온라인 평가관리
  - 다지선다형 및 단답형 문제평가
- 논술형 평가는 이메일 평가방법 운용(신청자에 한함)
  - 답안지 평가 후 첨삭지도
  - 본서 구성 단원별로 출제된 문제은행에서 중간평가 20문제, 최종평가 20문제로 평가함

Ⅵ. 학습내용 평가

□ 교재분야별 시험문제 출제
- 제1장 산업환경 변화와 기업인재상
- 제2장 조직기능과 편재직무
- 제3장 직무수행능력 관리
- 제4장 핵심직무 실무능력개발
- 제5장 조직행동과 직무적성 관리

2. 평가결과 활용

□ 평가결과를 참조하여 직무능력개발 상담 및 재교육 이수 지원
□ 목표능력 점수 60%이상 수준 평가자 직무분야별 직무교육 수료증 발행

3. 학습내용 평가 정답

Ⅰ장. 학습내용 평가 정답(p22)

　　문1 ③　　문2 ③　　문3 ④　　문4 ②　　문5 ①　　문6 ④　　문7 ⑤

Ⅱ장. 학습내용 평가 정답(p36~37)

　　문1 ③　　문2 ①　　문3 ②　　문4 ④　　문5 ②　　문6 ⑤　　문7 ④
　　문8 ①　　문9 ③

Ⅲ장. 학습내용 평가 정답(p50~51)

　　문1 ⑤　　문2 ②　　문3 ④　　문4 ②　　문5 ⑤　　문6 ①　　문7 ④
　　문8 ③　　문9 ②　　문10 ⑤　　문11 ①　　문12 ③　　문13 ①

Ⅳ장. 학습내용 평가 정답(p93~97)

　　문1 ⑤　　문2 ①　　문3 ③　　문4 ④　　문5 ③　　문6 ⑤　　문7 ④
　　문8 ②　　문9 ④　　문10 ③　　문11 ⑤　　문12 ①　　문13 ⑤　　문14 ①,⑤
　　문15 ②,③　　문16 ⑥,⑦　　문17 ⑧,⑨　　문18-1 ⑲,⑳　　문18-2 ⑰,⑱
　　문18-3 ⑮,⑯　　문18-4 ⑬,⑭　　문18-5 ⑪,⑫　　문18-6 ⑨,⑩
　　문18-7 ⑦,⑧　　문18-8 ⑤,⑥　　문18-9 ③,④　　문18-10 ①,②
　　문19 ②　　문20 ⑤　　문21 ③　　문22 ④　　문23 ④　　문24 ②

Ⅴ장. 학습내용 평가 정답(p107~108)

　　문1 ①　　문2 ③　　문3 ⑤　　문4 ④　　문5 ②　　문6 ②　　문7 ④
　　문8 ④　　문9 ④

저자 편창규

◉ 학력
광운대학교 대학원 경영학 박사(1999)
동아대학교 경영대학원 경영학 석사(1989)
한국방송통신대학 경영학(1985)
부산공업대학 금속공학(현 부경대)(1982)
영산농업고등학교 임업과(1974)

◉ 경력
효산지식인력개발원 원장(2009~현재)
효산경영연구소(주) 책임연구원(1993~현재)
한국생산성본부 외래교수(1999~2005)
경복대학교 경영과 겸임교수(1994.3~2002.2)
ACC컨설팅 경영진단팀 팀장(1991~1992)
동양금속공업(주) 기획조정실 실장(1988~1991)
신화공업(주)생산기술부(1984~1988)
포스코 제강부(1982~1983)

◉ 저서/공저
기업과 나 그리고 기업문화(1992)
직무분석 어떻게 할 것인가?(1993)
직무분석연구&신인사제도 설계(1997)
소비자행동 동기이론(2004)
소비자 인지행동(2009)
The Job 오케스트라(2012)
기업직무 파헤치기(2013)
금융지원 직무 취업&직무능력개발 어떻게 할 것인가(2016)
은행&증권 직무 취업&직무능력개발 어떻게 할 것인가(2016)
보험 직무 취업&직무능력개발 어떻게 할 것인가(2016)
경영관리 직무 취업&직무능력개발 어떻게 할 것인가(2016)
경영지원 직무 취업&직무능력개발 어떻게 할 것인가(2016)
영업관리 직무 취업&직무능력개발 어떻게 할 것인가(2016)
생산기술 직무 취업&직무능력개발 어떻게 할 것인가(2017)
경영기획 조직 실무능력개발 매뉴얼(2018)
경영관리 조직 실무능력개발 매뉴얼(2018)
인사관리 조직 실무능력개발 매뉴얼(2018)
영업관리 조직 실무능력개발 매뉴얼(2018)

저자프로필

마케팅전략관리 조직 실무능력개발 매뉴얼(2018)
회계관리 조직 실무능력개발 매뉴얼(2018)
재무관리 조직 실무능력개발 매뉴얼(2018)
총무관리 조직 실무능력개발 매뉴얼(2018)
고객관리 조직 실무능력개발 매뉴얼(2018)
구매관리 조직 실무능력개발 매뉴얼(2018)
생산관리 조직 실무능력개발 매뉴얼(2018)
생산기술 조직 실무능력개발 매뉴얼(2018)
품질관리 조직 실무능력개발 매뉴얼(2018)

◘ 직무분석, 조직설계, 인사제도설계, 경영평가 연구 주요 수행실적

TRW스티어링: 조직 직능개발과 기능 활성화를 위한 직무분석(1993)
공무원연금공단: 직무분석 및 중장기 경영계획수립 연구용역(2003)
국군재정관리단: 국방성과관리 연구용역(2013)
국민건강보험일산병원: 일산병원 연봉임금제 도입 관련 평가시스템개발 연구용역(2000)
국민연금공단: 인적자원관리 인프라 구축 연구용역(2001)
금호생명: 경력개발제도 연구용역(2006)
금호생명: 회사 적정조직 및 적정 인력규모 산정 연구(2009)
기아정기: 신조직 설계를 위한 직무분석(1993)
대전광역시동구청: 총액인건비제 도입과 조직개편을 위한 조직진단 및 연구용역(2007)
대전광역시중구청: 총액인건비제 시행을 위한 조직진단 용역(2007)
동부화재해상보험: 신조직 및 인사제도 설계를 위한 직무분석(1997)
동아시테크: 직능평가제도 설계를 위한 직무분석(1996)
동양폴리에스터㈜: 직무체계확립과 과업표준화를 위한 직무분석(1996)
미도파푸트시스템: 직능평가제도 및 연봉임금제도 설계를 위한 직무분석(1996)
부산항만공사: 직무분석 및 제도개선등 용역(2005)
부산항만공사: 팀KPI 운영메뉴얼 및 운영방안 개 발연구용역(2005)
서울특별시시설관리공단: 공단 업무재설계(B.P.R)자문 및 실시용역(2001)
순천대학교: 전기전자공학부 교과과정 개선 직무분석 연구용역(2016)
쌍용자동차: 정원산정을 위한 직무분석(1994)
우정사업본부: 우정사업 조직몰입도 수준조사 및 향상 프로그램개발 연구용역(2006)
우정사업본부: 우정사업 중장기 인재육성 방안 연구용역(2005)
울산항만공사: 2011년 울산항만공사 경영실적 평가 자문용역(2012)
울산항만공사: 2012년 울산항만공사 경영실적 평가 자문용역(2012)
울산항만공사: 비전, 경영전략체계, 조직 및 인사시스템 선진화 연구용역(2011)
인천국제공항공사: 조직관리 기본지표 개발을 위한 직무분석 용역(2005)
㈜도루코: 성과평가제도 설계를 위한 직무분석(2003)

㈜도루코: 조직 및 정원산정을 위한 직무분석(2000)
㈜삼홍사: 목표관리과제(MBO)설계를 위한 직무분석 연구(2002)
충남천안시: 전직원 적성검사 용역(2007)
태백관광개발공사: 조직진단 연구용역(2006)
한국가스안전공사: 2000년 직무분석. 고객만족도. 사업심사분석 용역(2000)
한국남부발전㈜: 임금피크제 직원 효율적 운영을 위한 발전방향 컨설팅용역(2017)
한국도로공사: 직무역량 평가체계 개발 및 활용에 관한 연구용역(1999)
한국마사회: 제주경마공원 관리사 직무분석(2002)
한국방송공사: KBS의 합리적 인원관리를 위한 직무분석(1992)
한국산업인력공단: 『직무분석』 연구용역(2003)
한국수자원공사: Kwater 총보상체계 합리화 방안 연구용역(2011)
한국수자원공사 수자원연구원: 수자원연구원 중장기 발전방안 연구용역(2007)
한국승강기안전기술원: 신인사제도 컨설팅(2011)
한국유리공업㈜: 업무혁신 및 조직재설계를 위한 직무분석(2000)
한국저작권위원회: 저작권 정보관리 및 서비스사업 평가(2016)
한국전력공사전력연구원: 전력연구원 비전성과지표 개발 및 시범평가(2005)
한국컨테이너부두공단: 성과중심의 연봉제 도입용역(2006)
한국프랜지공업: 신조직설계와 정원산정, 신인사 제도설계를 위한 직무분석(1995)
한국환경자원공사: 직무분석을 통한 조직재설계 방안 연구 및 직원만족도 조사(2005)
효성생활산업: 능력급 인사제도를 위한 직능자격제도 및 직무값 설계(1996)

◘ 기타 연구과제 수행실적
경기도고양시: 홍보매체 효과성 분석 및 맞춤형 홍보용역(2016)
경기도광명시: 「광명비전2025」 광명시 장기발전계획수립 학술연구 용역(2007)
경기도여주군: 여주군 지역사회복지욕구 및 자원조사 연구용역(2006)
경기도이천시: 제2기 이천시 지역사회복지계획수립을 위한 학술연구 용역(2010)
당진시청: 농촌중심지활성화사업 예비계획서 작성용역(2014)
대전광역시중구청: 장수마을관리원에 대한 발전방안 용역(2006)
서광전기㈜: 기업성장전략개발을 위한 경영분석(1992)
서울산업진흥원: DMC 교통접근성 개선을 위한 교통실태 분석(2017)
성암그룹: 광주직할시 서구사업지 신사업 투자개발 연구(1992)
우정복지협력회: 정보통신수련원의 효율적인 관리 및 운영혁신방안 연구(2006)
우정사업본부: 위탁창구망 중장기 육성방안 연구용역(2006)
우정사업본부: 창구소포 활성화 추진방안 마련 연구용역(2016)
인천국제공항공사: 사회공헌 프로그램 성과측정 용역(2014)
전라남도화순군: 화순군 지역사회복지계획수립 학술용역(2006)
충남계룡시: 계룡시 대중교통 기본계획수립 및 교통약자 이동편의증진 용역(2008)

저자프로필

한국기상산업진흥원: 항공기상청 13~15년(3년)사업운영계획수립 용역(2013)
한국산업인력공단: 『시험의 면제기준 축소방안』 연구용역(2003)
한국저작권위원회: 2015년 저작권 비즈니스 활성화 지원사업 평가용역(2015)
한국저작권위원회: 2015년 저작권 기술 및 표준화사업 모니터링 및 성과평가 용역(2015)
한국저작권위원회: 2016년 저작권 비즈니스 활성화 지원사업 평가(2016)
한국저작권위원회: 국가디지털콘텐츠 식별체계(UCI) 사업평가 및 만족도 조사(2015)
한국전력기술㈜: 중장기 경영전략 Rolling 용역(2010)
한국전자통신연구원: 광기반 공정혁신 플랫폼의 산업체 지원 수요조사, 수요자 만족도 및 생산성 향상분석(2014)
한국정보화진흥원: 2010/2011년 정보화정책 연구성과 분석(2011)
한국환경공단: 한국환경공단 직급조정관련 직원 경력 확인 및 환산용역(2010)

저자 편제호
- **학력**

성균관대학교 대학원 박사과정 수료 교육학 전공(2017)
한국외국어대학교 교육대학원 교육경영학 석사(2015)
한림대학교 법학(2010)

- **경력**

효산경영연구소(주) 전문연구원(2010~현재)
효산지식인력개발원 교육실장(2012~현재)

- **저서/공저**

기업직무 파헤치기(2013)
금융지원 직무 취업&직무능력개발 어떻게 할 것인가(2016)
은행&증권 직무 취업&직무능력개발 어떻게 할 것인가(2016)
보험 직무 취업&직무능력개발 어떻게 할 것인가(2016)
경영관리 직무 취업&직무능력개발 어떻게 할 것인가(2016)
경영지원 직무 취업&직무능력개발 어떻게 할 것인가(2016)
영업관리 직무 취업&직무능력개발 어떻게 할 것인가(2016)
생산기술 직무 취업&직무능력개발 어떻게 할 것인가(2017)
경영기획 조직 실무능력개발 매뉴얼(2018)
경영관리 조직 실무능력개발 매뉴얼(2018)
인사관리 조직 실무능력개발 매뉴얼(2018)
영업관리 조직 실무능력개발 매뉴얼(2018)
마케팅전략관리 조직 실무능력개발 매뉴얼(2018)
회계관리 조직 실무능력개발 매뉴얼(2018)

재무관리 조직 실무능력개발 매뉴얼(2018)
총무관리 조직 실무능력개발 매뉴얼(2018)
고객관리 조직 실무능력개발 매뉴얼(2018)
구매관리 조직 실무능력개발 매뉴얼(2018)

◼ 직무분석, 조직설계, 인사제도설계, 경영평가 연구 주요 수행실적
국군재정관리단: 국방성과관리 연구용역(2013)
순천대학교: 전기전자공학부 교과과정 개선 직무분석 연구용역(2016)
울산항만공사: 2011년 울산항만공사 경영실적 평가 자문용역(2012)
울산항만공사: 2012년 울산항만공사 경영실적 평가 자문용역(2012)
울산항만공사: 비전, 경영전략체계, 조직 및 인사시스템 선진화 연구용역(2011)
한국남부발전㈜: 임금피크제 직원 효율적 운영을 위한 발전방향 컨설팅용역(2017)
한국수자원공사: Kwater 총보상체계 합리화 방안 연구용역(2011)
한국승강기안전기술원: 신인사제도 컨설팅(2011)
한국저작권위원회: 저작권 정보관리 및 서비스사업 평가(2016)

◼ 기타 연구과제 수행실적
경기도고양시: 홍보매체 효과성 분석 및 맞춤형 홍보용역(2016)
경기도이천시: 제2기 이천시 지역사회복지계획수립을 위한 학술연구 용역(2010)
당진시청: 농촌중심지활성화사업 예비계획서 작성용역(2014)
서울산업진흥원: DMC 교통접근성 개선을 위한 교통실태 분석(2017)
우정사업본부: 창구소포 활성화 추진방안 마련 연구용역(2016)
인천국제공항공사: 사회공헌 프로그램 성과측정 용역(2014)
한국기상산업진흥원: 항공기상청 13~15년(3년)사업운영계획수립 용역(2013)
한국저작권위원회: 2015년 저작권 비즈니스 활성화 지원사업 평가용역(2015)
한국저작권위원회: 2015년 저작권 기술 및 표준화사업 모니터링 및 성과평가 용역(2015)
한국저작권위원회: 2016년 저작권 비즈니스 활성화 지원사업 평가(2016)
한국저작권위원회: 국가디지털콘텐츠 식별체계(UCI) 사업평가 및 만족도 조사(2015)
한국전력기술㈜: 중장기 경영전략 Rolling 용역(2010)
한국전자통신연구원: 광기반 공정혁신 플랫폼의 산업체 지원 수요조사, 수요자 만족도 및 생산성 향상분석(2014)
한국정보화진흥원: 2010/2011년 정보화정책 연구성과 분석(2011)
한국환경공단: 한국환경공단 직급조정관련 직원 경력 확인 및 환산용역(2010)

경영기획 조직 실무능력개발 매뉴얼

초 판 : 2018년 07월 12일
지 은 이 : 편창규, 편제호 공저
펴 낸 이 : 김정희
발 행 처 : 효산경영연구소 지식인력개발원
출판등록 : 1992. 6.16 제2-1392
주   소 : 서울특별시 영등포구 63로 36, 5층(여의도동 리버타워)
전   화 : 02) 561-0310, 564-9970, 9971
팩   스 : 02) 561-9975
홈페이지 : www.hsojt.co.kr(교육), www.hyosan.re.kr(연구소)
저자상담 : ck55p@hyosan.re.kr

본서는 저작권으로 보호되고 있으므로 무단 복제, 인용 행위를
금지하며, 파본은 교환하여 드립니다.

정 가 9,000원   ISBN 978-89-87367-18-7
                    ISBN 978-89-87367-17-0(세트)